일본 대정기 문학논쟁사

정인문 저

책머리에 —

  문학에 관한 중대한 과제에 대한 해답이 미래에도 계속될 것이다. 문학이 이러한 본질을 가지고 있는 한, 문학논쟁은 계속 이어질 것이다. 대결적인 자세와 실천적으로 대결하는 행동 속에서 생동감 있는 문학이 탄생한다는 것은 당연히 각각의 時空에서의 생생한 의식을 지향해 간다는 것을 의미한다.
  이러한 의미에서 필자는 순차적으로 일본 근대문학에 관한 論爭史를 정리하고 있다. 말하자면 지난번은 일본 明治期 문학논쟁사를 우선 정리하였고, 이번에는 일본 大正期 문학논쟁사를 정리하려고 한다.
  이 저서를 정리함에 있어서 미리 밝혀두고자 하는 것은 문학논쟁사에 관하여 정리하는 수준에 그치고 있다는 것이다. 내용이 미비한 부분은 앞으로 보완해 갈 예정이다. 동학 선후배 여러분들의 지도편달을 바라 마지 않는다. 끝으로 변함없는 제이앤씨 관계자 여러분께 감사의 말씀을 드린다.

2007년 1월
정 인 문 삼가 적음

목차

책머리에 · i

1. 아나 · 볼 논쟁(山川均―大杉栄) 5
2. 山川―福本 논쟁 13
3. 「선언 하나」를 둘러싼 논쟁 21
4. 목적의식 논쟁 49
5. 내용적 가치 논쟁 57
6. 산문예술 논쟁 63
7. 사소설 논쟁 85
8. 신감각파 논쟁 109
9. 문예비평 방법 논쟁 135

참고문헌 152

일본 대정기 문학논쟁사

1 아나・볼 논쟁(山川均―大杉栄)

　일본에 있어서 대정기의 사회주의 운동이 명치 사회주의로부터 계승한 유산은 직접적으로는 행동론이었다고 볼 수 있고, 부르주아적 정치에 대한 거부였다. 그리고 이 테제는 대역사건의 순교자였던 幸徳秋水에의 이미지와 겹치고 있다. 정치운동은 의회주의이고, 프롤레타리아트는 이 테두리의 바깥인 즉 노동조합 속에 독자적인 세계를 만들어 내야 한다는 주장은 대정기 사회주의자의 대표적 리더의 한 사람이었던 山川均나 大杉栄에 있어서 공통적인 것이었다. 堺利彦나 高畠素之와 같이 보통선거 운동을 중심으로 하는 데모크라시 사조 속에서 적극적으로 사회주의자도 개입해야 한다는 주장이 없었던 것은 아니었지만 사회주의자의 주류라고는 볼 수는 없었다.
　1917년에 있었던 러시아 혁명에 있어서의 성공은 이러한 명치 사회주의의 유산을 재편성하게끔 만들었다. 大杉栄는 당초에는 혁명에 대한 공감에서 소비에트를 지지하면서 「프로 독재」도 자유・자치에 대한 강제라는 입장에서 즉 필요악으로 용인하였던 것이다. 그는 1920년 가을에 상해에 걸쳐 있었던 코민테른과 접촉하였고, 다음 해 1월 발간한 제

2차 『노동운동』에 볼 派였던 近藤栄蔵・高津正道를 더해서 「아나・볼 제휴」시대를 기획했다. 그곳에는 같은 무렵 성립되었던 일본 사회주의 동맹에는 아나키스트도 마르크스주의자도 그 외의 사회주의 경향을 가진 자도 포함되어 있었다. 동맹의 기관지라 할 수 있던 『사회주의』에는 岩佐作太郎・布留川桂들 아나 派의 독재와 중앙집권에 대한 반대론과, 堺들의 소비에트 옹호론이 함께 병존하고 있었다. 아나도 볼도 지론을 주장하면서도 그 제휴의 가능성을 인정하고 있었고 또한 추구하였다.

　山川均도 大杉栄도 똑같은 러시아 혁명과 労農 러시아에 대해 심정적으로는 공감하기도 하였지만 독재에 대해서는 위화감과 곤혹감도 숨기지 않았다. 대정 데모크라시기의 일본에서는 2월 혁명은 환영받았지만 10월 혁명은 전제정치 독재를 가져온 것으로 생각되어 저항감이 심했다. 이러한 점에서 아나키즘과 공통적인 데가 있었다. 1920년 무렵부터 노동조합 운동가 사이에는 보통선거 실현이라는 것도 부르주아 전제를 위한 보다 교묘한 수단에 지나지 않는 것으로 보고 보통선거 운동에서의 탈출을 주장하기도 하였다. 산업 상에서의 가치와 자유가 그 자리를 대신하여 강조되었는데 샌디칼리즘(경험론)이나 길드 사회주의가 풍미하기도 하였다. 그러나 보통선거의 실현이든 샌디칼리즘이든 그것은 전제와 독재에 반대하면서 자유・자치・자주에 기대고 있다는 점에서 양자는 공통적인 발상에 근거하고 있다고 볼 수 있다.

　山川均이든 大杉栄이든 많은 대중과 같이 논리적인 이상으로 심정적으로, 또한 특히 大杉栄의 경우는 약간 전술적인 측면에서 러시아 혁명과 볼세비키즘에 대해 이해를 보이고 있었다. 그러나 이러한 것이 점차 심화되어 감에 따라 논리적으로 샌디칼리즘, 아나키즘과는 모순이 느껴지는 것은 당연하였다. 이 무렵 高畠素之와 大杉栄는 명쾌하였다.

高畠素之의 경우는 종전부터 가지고 있던 직접적인 행동론에 대한 것을 지양하면서 새로운 정치운동, 그 중에서도 의회정책에 한정되지 않는 정치운동의 모델로서 러시아 혁명과 볼세비키를 수용하였다. 그리고 혁명 후의 권력의 강대화, 「프롤레타리아 국가」의 출현을 필연적인 것으로 보면서 계급적 착취 기능이 없어진 이후도 통제 기능으로서의 권력이 없어지고 있지 않는 사례를 들고 있었다. 따라서 高畠素之는 소비에트 국가에서의 자기 지론이었던 국가 사회주의론의 입증자료로 삼을 수 있었던 것이다.

大杉栄는 당초 러시아 혁명에 대한 공감이 있었음에도 불구하고 이후 러시아에 있어서 에서·엘이나 아나키스트에 대한 탄압, 네프 채용이라는 사실이 전해짐과 동시에, 労農 러시아에 대한 비판 등을 강화하였는데 1922년에는 확실히 러시아 혁명을 「기만해서는 안 되는」 혁명의 기본으로 삼기에 이르렀다.

大杉栄는 혁명에 대한 결과물로서 만들어진 권력이 프롤레타리아 독재에 의해 뒷받침된 강대한 국가가 되었던 것을 문제로 삼고 있는 것은 분명하다. 이러한 사실을 인식하는 것에 있어서 高畠素之의 생각과 일치하고 있었다. 양자는 이러한 공통적인 사실 인식으로부터 완전히 상반된 대응을 보이고 있었는데 어떤 의미에서는 양자가 러시아 혁명 이전부터 지니고 있던 이론적 경향성이 더 한층 철저화 하였다고 볼 수 있다.

이것에 대해 山川均는 러시아 혁명을 기회로 해서 크게 転回했다고 볼 수 있다. 당초의 山川均는 소비에트 권력을 오직 자유·자치·자주라는 샌디칼리즘적 발상의 근본에서 이해하려고 해서 프로의 독재와 공산당 지배는 강제가 아니고 「행동과 설득력에 의한 가장 이상적인 의미에서의 지도」(「러시아는 공산당의 독재인가?」(下), 『前衛』1922년 2

월)를 가지고 이해하려고 한 것이 도리어 설득력이 없어졌기 때문에 山川均 자신도 이러한 독재, 지도에 대해 일본에 적합한 보편적인 것으로 생각하기에는 주저할 수밖에 없었다. 山川均의 이러한 논법은 샌디칼리즘에 심취해 있었던 당시 운동가의 대부분이 아무런 저항감도 없이 러시아 혁명을 받아들이기는 용이하였는지는 모르겠지만 이것을 가지고 샌디칼리즘과의 모순점이 해소되었다고 보는 것은 아니었다. 山川均는 샌디칼리즘을 부정하고 스스로의 전회를 꾀하여 나가는 것에 의해 이러한 모순에 대해 대처하게 되었다. 1922년 2·3월호의 『解放』에 연재된 山川均의 논문 「노동조합의 진화와 직분」은 노동조합에 의한 산업관리라는 샌디칼리즘의 주장은 중심점이 되고 있던 러시아 노동조합이 곧 생산조직으로 발전해 가지 못하고 「생산의 관리운영에 대해서 경험과 지식이 부족한 조합이 직접 참가한다는 것은 오히려 생산능률을 저하시키는 것」이 되기 때문에 자유·자치·자주로부터의 발상을 공상적으로 단정 짓는 데 있어서 큰 전회를 보이게 되었다.

　더구나 山川均는 1922년 7월의 『사회주의 연구』에서 「정치 부정에서 정치적 저항에로」라는 경제투쟁과 정치투쟁에 대한 새로운 시각을 확립한다. 즉 이전의 프롤레타리아트가 단순한 의회주의, 즉 「부르주아지의 정치」의 궤도를 달려갔지만 그러한 노력이 헛되었다는 것을 알았을 때, 그들은 일체의 정치운동을 부정했다. 그러나 일체의 정치운동에 대해 그것을 실행에 옮겼을 때 처음으로 프롤레타리아트는 「부르주아지의 정치」로부터 자립한 자신들의 정치적 운동에 착수하기에 이르게 되었다. 말하자면 일체의 정치운동을 배척하는 것에 의해 스스로의 정치운동을 확립해 갔던 프롤레타리아트는 이 운동이 파탄에 이르게 되었을 때 처음으로 정치의 소극적인 회피에서 탈피하여 「부르주아지의 정치」에 대항하는 무산계급의 정치를 확립하는 곳으로 나아가게 된다.

이러한 山川均의 샌디칼리즘에 대한 부정론과 표리 일체의 관계에서 「무산계급 운동의 방향 전환」(『前衛』 1922년 7·8월 합병호)이 집필되었던 것이다. 아나키스트의 러시아 혁명에 대한 부정적 평가에로의 전환과 山川均들에 의한 샌디칼리즘의 부정과 폴 派의 정치색이 농후한 것에 대한 양자 대립은 격화되기 시작했다. 이 무렵 현실적인 면에서 노동전선 통일에로의 기운이 강화되기는 하였지만 이러한 것이 더욱 양파 대립의 사태를 악화시키게 만들었던 것도 사실이다.

마르크스주의자를 포함한 사회주의자는 이전부터 전선 통일이나 노동조합의 양적 확대에 관해서는 소극적이었다. 이러한 배후로서는 세계적이고, 외부 의존적인 혁명에 가까운 판단이 도사리고 있었다. 山川均가 「무산계급의 정치운동」을 설파한 이후에도 의회 보이콧을 주장하였던 것은 이러한 판단의 배경이 작용하고 있었다는 것을 무시하고서는 이해할 수 없는 것이다. 그런데 1922년 봄이 되어 제3회 대회가 「협동 전선」을 제창하면서 개량주의자와 중간파 지도에 힘쓰고 있던 대중과의 투쟁에 의한 다수자를 획득해야 한다는 양적인 면을 중시한 방침이 전해지기도 했다.

일본의 노동조합은 제1차 세계 대전 이후 많이 만들어 졌는데 간부들의 사상적 입장이 강했던 조합은 이 무렵에 전후 불황 속에서도 사상 단체화 되어 갔고, 조합 수도 그 숫자가 크게 감소해 갔다. 그러니까 방향 전환론은 이러한 현실을 반영한 것이라 해도 좋은 것이다.

따라서 전선통일과 조직의 양적 확대는 초미의 과제였다고 볼 수 있다. 그러나 현실은 조합이 난립하고 있었기 때문에 제각각 사상적 대립을 숨긴 채, 느슨한 연합에 의한 상호협력을 행해 나가는 수밖에 도리가 없었던 1922년 여름 西尾末広·松岡駒吉들의 총동맹 간부나 山川均는 결국 느슨한 연합체 밖에 없다고 말하고 있었다.

그럼에도 불구하고 1922년 9월 30일 大阪 天主寺 공회당에서의 총연합 결성대회는 「자유연합」을 주장하는 노동조합동맹이 중심인 아나 派에 대하여, 폴 派는 「중앙집권」을 주장하고 있었는데 총동맹 간부는 여기를 밀어주고 있었기 때문에 兩派는 격돌하게 되었다. 집회는 관헌에 의해 해산을 명령받게 되고, 총연합 운동은 참담하게 실패로 끝나게 되었다.

총연합 운동의 실패의 원인은 아나 派가 주재하는 「자유연합」론이라는 당시 조합의 실정을 감안해 볼 때, 이러한 방법 밖에 없었던 결합 형태에 대해서 총동맹 간부와 폴 派가 함께 괴멸해 가는 태도로 임했던 것에 기인하고 있었던 것이다.

信友会·正進会를 중심으로 하는 아나 派의 자유연합론은 각 조합의 자유·자주를 중심에 두고 있었는데 그것은 지도자를 배척하여 노동자에 관한 일은 노동자 자신이 담당해야 한다고 주장하였다. 이러한 주장은 총연합이 만들어짐에 따라 총동맹 내부에도 아나 파의 영향력을 확대해 나가야 한다는 것이 전제조건이었다. 그런 까닭에 아나 派는 총연합에 대해 무엇보다도 적극적이었다고 할 수 있다. 이것은 역으로 총동맹 간부 입장에서 보면 자유·자주·지도자 배척이라는 명목 하에 스스로의 영역을 침해받을 우려가 있다는 것이 되었는데, 그런 까닭에 총동맹은 총연합 운동이 괴멸해 가는 것에 한 몫을 하였다고 볼 수 있다. 9월 10일 창립협의회에서 松岡駒吉가 총연합의 이사는 대회 대의원으로부터 15명을 선출해야 한다는 규약 개정을 제기한 것이 하나의 예라 할 수 있다. 만일 조합 단위의 협의체였다면 각 조합에서 이사를 낸다는 것은 당연한 것이었던 것이고, 따라서 맹렬한 반대에 부딪쳤었던 松岡駒吉도 이 제안을 철회할 수밖에 없었다. 이것은 총동맹이 총연합을 성공시키고자 하는 의욕이 없었다는 것을 반증하는 것이기도 하였다.

　이러한 것을 지켜 본 폴 派—이 시점에서는 이미 공산당은 결성되어 있었던 상태였기 때문에 공산당파—는 총동맹과 아나 派 사이에 있던 사태를 수습해 보려고 하였지만 그 효과가 나타나지 않자 총동맹 간부였던 尻馬에게 의뢰하여 총연합 파괴 노선을 취하게 만들었다. 9월 30일 대회에서는 공산당파는 중앙집권적 합동론을 자유 연합론으로 대치하였는데 주로 아나 派에 대한 비난 공격의 무대로 삼았다. 아나인가, 폴인가 자유연합인가, 중앙집권인가 하는 논쟁의 장에 총연합 운동이 이용되었던 것이다. 총연합의 실패와 군소 조합의 흡수를 시도하고 있던 총동맹 간부와 폴 派는 한 덩어리가 되어 아나 派 공격의 장으로 이 대회를 이용하였던 것이다.

　따라서 대회는 완전히 아수라장이 되었고 대회가 해산함에 따라 총동맹 간부나 폴 派의 생각대로 총연합 운동은 완전히 실패로 끝나게 되었다. 폴 派 입장에서 보면 아나키즘 공격을 먼저 우선 시 하다보니까 중앙집권이라는 관념론을 내세우게 되었고, 현실운동의 필요성은 그 다음의 문제로 되어버렸던 것이다. 이것이 방향 전환론이 제기되고 대중화 노선이 주장되면서도 폴 派 속에는 이러한 것이 정착하지 못했던 것을 단적으로 말해주고 있는 것이다. 이것은 또한 당시의 공산당이 아나키즘, 샌디칼리즘 타도를 최우선시 한 사상 서클이었다는 것에 대한 반영이라고 말할 수 있는데, 이러한 의미에서 1923년 6월 검거와 9월의 관동대지진 이후의 당 해체는 필연적이었다고 볼 수 있다. 이것은 관동대지진 때의 大杉栄의 학살과 아나 派의 쇠퇴가 시작된 이후, 새로이 공산당 재조직과 총동맹의 제1차 분열=평의회 창출이 가져온 이유가 되는 것이다.

2   山川—福本 논쟁

 대정11년(1922) 7월 제1차 공산당 결성에서부터 소화2년 12월 재건 공산당에 의한 소위 「27년 테제」 채택까지의 사이에 일본 마르크스주의 진영 내에서는 무산정당·전위당의 조직 성격을 둘러싼 조직론상의 심각한 대립·논쟁이 진행되고 있었다.
 이러는 한편 선두에 섰던 사람은 당시 마르크스주의 이론 전선의 최고 지도자였던 山川均였다. 山川均는 『前衛』의 대정11년 7·8월 합병호에서 「무산계급 운동의 방향전환」을 발표하였는데 아나르코·샌디칼리즘을 중심으로 한 이제까지의 무산계급 운동에 대하여 전면적인 비판·검토를 가하면서 앞으로 진행되어야 할 방향을 제시하여 당시 사회주의 운동에 큰 영향을 끼쳤다. 山川均의 주장은 다음과 같다.
 과거 20년의 사회주의 운동은 「자본주의의 정신적 지배로부터 독립하기 위해 우선 사상적으로 철저하면서도 순화」해야 한다는 제일보를 내딛었다. 그러나 바로 그러한 것은 「자본주의 제도 하에 일어나는 일체의 사항에 대해 단지 한쪽 면만을 보고 부정하는 것이라 말할 수 있는데 그것은 자본 그 본질에 관해서는 한 마디도 하지 못하는」 독립적인 소수의 운동가였다고 볼 수 있다. 따라서 우리들은 곧 두 번째 걸음마를 내딛어야 했다. 여기에서 말하는 「두 번째 걸음마」라는 것은 대중적인 무산계급 운동의 창출이라는 것이었다. 「전위인 소수자가 철저하고 순화된 사상을 내걸고 뒤에 처져 있는 대중 속으로 다시 되돌아가야 한다는」것이었다. 말하자면 「두 번째 걸음마」에 있어서의 새로운 슬로건은 대중 속으로가 아니면 안 된다는 것이었는데 이것을 위해서는 「자본주의 지배와 권력과 발로 뛰는 모든 전선에 있어서 무산계급의 현실적 생활에 영향을 주고 있는 일체의 문제에 대해서」 소극적·회피적·실제적으로 투쟁하여 대중의 개량주의적 요구도 실현시켜 나가야만 했다.

이것이 일본의 무산계급이 전선에 걸쳐 행해야만 했던 방향전환이라 볼 수 있다. 즉 山川均의 이러한 방향전환은 「적과 타협할 필요가 없는 아군과의 타협」(『어떤 노동조합에 기울인 말』소화31년 5월)의 필요성에 대한 주장이었던 것이다.

이어서 山川均는 이 전환을 구체적으로 담당해야 할 조직으로서 단일 무산 정당·공동 전선당(협동 전선당)론을 제창했다. 이것은 대정11년 말부터 코민테른이 제기한 통일전선론에 시사를 받아 당시 일본의 구체적 현실, 예를 들면 대정13년 제1차 공산당 解党, 대정14년 보통선거법, 대정15년 노동농민당 결성 등을 근거로 하여 내세웠던 특이한 정당조직론이었다. 즉 山川均는 현 단계에서 마르크스주의자가 해야 할 제일의 임무는 부르주아지의 이해와 대립하고 있던 모든 사회층을 반부르주아 전선으로 결집시키는 대중적인 정당=공동 전선당을 조직하는 것이라고 했다.

이 경우의 党은 「반 부르주아 투쟁의 필요성을 인정하는 것이고, 따라서 공동 전선당의 존립과 투쟁을 위해 필요한 규율과 통제라고 인정

할 수 있는 일체의 사람들을 포용하는 것이다. 그 사람이 사회민주주의
자이든 공산주의자이든 아나키스트이든 단순히 그것을 위해 이 사람들
을 거부하는 것이 아닌」(「공동 전선당의 검토」『勞農』소화6년 4월) 것
인 만큼 사회민주주의이냐 공산주의이냐 하는, 소위 원칙 강령은 없었
다. 오히려 山川均의 공동 전선당은 이러한 원칙 강령을 적극적인 의
미에서 포기하였는데 각 그룹조직은 공동 전선당의 임무였던 구체적인
투쟁에 대한 구체적인 정책 내지는 방침을 서로 간에 주장하고, 토론하
였다. 이러한 결과 대중은 그들의 반 부르주아적 이해를 옹호하기 위해
가장 효과적이고 구체적인 정책을 선택하는 것이라고 하는 유연한 당
조직론이라 할 수 있다. 즉 山川均 입장에서 보면 당면 요청되고 있는
무산정당은 반 부르주아 통일 전선당으로서의 성격을 가지는 것이었는
데, 당시 공산주의를 원칙 강령을 삼고 있던 前衛党을 결성하여 소 부
르주아지와 동맹을 맺어 반봉건 투쟁을 전개하고자 했던 일본 공산당의
방침과는 맞지 않는 것이었다. 사실 山川均는 대정14년 무렵부터 활발
히 진행되었던 공산당 재건 운동에 대해서는「과거 공산당의 잘못(제1
차 공산당)은 조금 나빴다고 하는 정도가 아닌, 일본의 현 실정 하에서
는 어쩔 수 없이 그렇게 될 수밖에 없었다」(『山川均 自伝』)고 시종 일
본공산당 재건에는 냉담한 태도를 취했다.

　이 山川均의「방향전환론」「공동전선당론」에 처음으로 전면적 비판
을 가했던 것은 잡지『마르크스주의』대정13년 12월호에「경제학 비판
속에서 마르크스「자본론」의 범위를 논한다」를 투고하면서 혜성처럼
좌익논단에 등장한 福本和夫(北条一雄)였다. 福本和夫는 잡지『마르크
스주의』에「방향전환과 현실적 운동」(대정14년 8월호),「방향전환은 어
떠한 과정을 취할까」(대정14년 10월호),「山川씨의 방향전환론의 전환
에 의해 시작할 수밖에 없다」(대정15년 2월·5월호) 등을 발표하였는

데 「진실로 무산자 계급적인 방향전환은 우리들이 지금 스스로 山川씨 방향전환론—절충주의 방향론—(그것은 대정11년 이래 오늘날까지 우리들 자신의 방향전환론이었다)—을 비판하고, 전환하고, 지양하는 것만이 진실로 싸움은 시작될 것이다」고 山川均 이론을 절충주의로 규정하고 그것에 대해 전면적으로 극복하려고 했다.

福本和夫의 山川均 비판에 대한 골자는 먼저 山川均가 경제투쟁에서 정치투쟁에로의 변증법적 발전에 대해 완전히 이해하고 있지 못하기 때문에 그는 정치투쟁을 경제투쟁으로부터 조금씩 발전해 가는 것이라고 착각하고 있었던 것이다. 다음으로 山川均는 사회주의 운동과 노동조합 운동을 분열적·고립적으로 받아들인 것으로 이해한 결과, 이 양자 사이에 생기는 교호작용에 있어서의 전면적인 파악이 불가능하였던 것이다. 셋째로 마르크스주의는 과거 20년 간 해오던 운동 속에서 전위사상은 이미 철저하게 순화되었기 때문에 이것들을 단지 조용히 대중 속에 맞춰 나가면 될 것이라고 생각하였지만 그러나 이것은 우익 조합주의가 생각하는 대중 획득 만능론과 같은 것이다—라는 것이었다. 요컨대 福本和夫는 조합주의적 투쟁으로부터 사회주의적 정치투쟁에로의 방향전환을 자연발생적으로 발전해 나가야 하는 것으로 본 것이 아니고, 변증법적 발전과정 과정 속에서 하나의 질적 전환과정으로 보았던 것이다. 그것을 위해서는 마르크스주의적 의식의 외부 주입이 필요하다고 보았던 것이다.

그러면 福本和夫에게 있어서 외부 주입이 담당해야 할 주체는 무엇이었을까. 물론 그 주체는 마르크스주의적 의식으로 강고하게 무장된 전위당이 되겠는데, 문제는 이 때 그 임무를 담당해야 할 공산당(제1차)은 解党된 채 재건하는 도중에 있었다는 것이다. 그럼에도 불구하고 山川均를 중심으로 전국적 무산정당 결성 기운이 일어나고 있었던 것에 대해서 福本和夫는 이러한 당적 결합은 아직 시기상조라고 보았다.

  예를 들면 福本和夫의 「欧洲에 있어서 무산자 계급정당 조직 문제의 역사적 발전」(『마르크스주의』대정14년 4월・5월・6월호), 「방향전환은 어떠한 과정을 취할까」(『마르크스주의』) 등에 의하면 다음과 같다. 일본의 무산계급 운동이 지금 전국적 단일 무산자 정당이라는 형태로 나아가려 하고 있는데, 이런 상태로는 일본의 무산계급을 진실로 정치적으로 결합할 수 없다는 것이다. 왜냐하면 일본의 무산계급은 「무산자 계급에 의한 마르크스주의적 원리」 즉 일단 스스로를 강하게 결합시켜 나가기 위하여 결합하기 전에 우선 깨끗이 정리를 해야 하는 과정을 거치지 못했기 때문이다. 따라서 우리들은 우선 먼저 마르크스주의적 요소를 분리시켜 결합시켜 가야 하는데, 이러한 원칙을 지키기 위한 투쟁은 당분간 이론 투쟁의 범위에 한정될 수밖에 없다는 것이다.

  이 유명한 「분리 결합과 이론 투쟁」이라는 福本和夫 이론은 일본 마르크스주의 사상에 처음으로 제기된 본격적인 전위당 조직론이었던 만큼 당시 일본공산당의 재건, 강화를 희망하고 있던 사람들에게 급속히 침투해 갈 수 있었다. 특히 당시 학생이나 대학을 갓 나온 인텔리들이 속속 이 운동에 가담하기 시작하였는데, 그들에게 있어서 이론 투쟁을 중시하는 福本和夫 조직론은 당 활동을 함에 있어서 큰 무기가 되었다. 이렇게 하여 대정15년 福本和夫 이론을 지주로 하여 일본공산당은 재결성하게 되는데 그곳에 모인 德田球一, 淡德三郎, 西雅雄, 上田茂樹들은 전부 福本和夫 이론의 입장에 서서 山川均를 비판하였던 것이다.

  德田球一에 의하면 「山川均는 중간파 이데올로기를 극복하려는 것이 아니라, 오히려 타협하려고 한 것에 지나지 않았는데 그 이론은 절충 주의적이고, 俗学的이고, 기회주의적이었던 것이다」(「기회주의의 한 전형—山川均씨의 절충주의에 관한 비판」(『마르크스주의』소화2년 3월호)는 것이었다.

　이러한 비판에 대해서 北浦千太郎는 『改造』에 「안티 福本이즘」이라는 문장을 싣기도 하였다. 이것에 대해서 山川均는 『社会科学』소화2년 8월호에 「나는 이렇게 생각한다」는 문장에서 반론을 폈다. 여기서 山川均는 자신의 「방향전환론」은 당시 일반 대중들이 이해하기 쉬운 전위적 요소=선진분자를 다시 끌어들여 옴으로 해서 그들을 전위적으로 성숙시키려고 한 것이었기 때문에 거기에는 잘못이 있다 할 수 없고, 오히려 그 약점을 이론투쟁을 가지고 극복하려고 하였다면 그들은 아마 더욱 대중으로부터 고립할 수밖에 없었을 것이라고 주장하였다. 그리고 또한 福本야말로 이론투쟁을 가지고 마르키스트의 최고의식을 쟁취해야 했다는 것이다. 福本는 그러한 연후에 마르크스주의적 실천으로 옮겨가야 한다고 주장하였던 것이다.

　이러한 주장은 마르크스주의적 의식이 대중적 실천이나 사회세력과의 연대로부터 단절되어 있는 것으로 인식되어 논란이 일기도 하였다. 이어서 稲村隆一, 田所輝明, 阪本勝, 猪俣津南雄 등도 福本에게 반박하였다. 비판에 섰던 그들에 더하여 堺利彦, 荒畑寒村 혹은 鈴木茂三郎, 黒田寿南, 大森義太郎, 足立克明들의 旧『大衆』 동인들은 反 福本주의라는 이름으로 결집하였고, 소화2년 11월에 잡지 『労農』(12월호)을 창간하였다. 이 『労農』에는 「공산당과 대립하고 있던 마르크스주의자가 모인 자리였는데 특별히 세밀한 이론상 의견의 조정을 거쳐 모였던 것은 아니었다」(『山川均 自伝』)는 것이긴 하여도 후에는 「労農派」로 총칭되는 비공산당계 마르크스주의자의 일대 결집이 되기도 하였다.

　그런데 일세를 풍미하고 재건 공산당의 이론적 지주라 할 수 있었던 福本 이론은 소화2년 코민테른 지도 하에 작성된 「일본에 관한 집행위

원회의 테제」(소위 「27년 테제」)에서 「당을 대중운동이나 대중조직으로부터 유리된 순수한 혁명적 분자만으로 만들어진 그것은 분야적 경향을 띠고 있었다. 일본공산당이 당면한 구체적인 임무 및 역사적 사명감으로 그 해결방법을 임하지 않은 채로 인위적으로 또는 멋대로 그려낸 추상적 도식으로부터 출발하고 있었다. 그러한 것은 현실관계를 명확히 하려고 하는 반면에, 그저 이론적 범주에서의 제기와 조화의 유희를 형성할 뿐이다」고 통렬하게 비판을 받음과 동시에 급속히 당내에서의 그 영향력을 잃어갔다. 전후 福本는 그 당시를 회상하면서 「나의 저서는 27년 테제 이후 낡은 신처럼 모두 폐기처분되어 졌다」(『革命 回想』) 고 쓰기도 하였다. 이런 비판에 따라 이제까지 재건 공산당의 지도부를 구성하고 있던 福本, 德田球一, 佐野文夫들 인텔리 출신자들은 당 중앙의 멤버로부터 삭제되었고, 대신에 鍋山貞親, 渡辺政之輔들의 노동자 출신들이 중앙으로 진출하였다. 또한 이들은 얼마 전까지만 해도 福本 이론을 「山川均 주의」와는 다른 解党주의로서 관념적인 반 마르크스주의라고 부정하고 있었던 것이다. 그리고 山川 이론도 같은 테제로 「청산주의적 경향이 있다」는 식으로 비판을 받으면서 논쟁은 종지부가 찍혔다.

그러나 이 논쟁은 일본에서 최초의 마르크스주의 진영 내부에서의 본격적인 투쟁이라 할 수 있는 만큼, 이것에 대한 간여 방식 여부로 인해 이후에 労農派와 講座派라는 마르크스주의 2대 조류를 형성하기도 하였다. 더구나 그들 사이에 논쟁이 형성되었던 전략 논쟁, 일본자본주의 논쟁 혹은 전후 혁명의 성격을 둘러싼 여러 논쟁 속에 서로 간의 조직론적 차이가 암류가 되어 흐르고 있는 까닭에서 이 논쟁은 끝이라 할 수 없고 그 출발점이라 부를 수도 있다.

3 「선언 하나」를 둘러싼 논쟁

　근대 일본문학에 있어서 중요한 역사적 사실을 芥川龍之介의 약물 복용사와 有島武郎의 정사를 가지고 그 자리 매김을 할 수 있다면 그것에 대해서는 여러 이유가 평자에 의해 말하여 지고 있었다. 그러나 대정 데모크라시로부터 격동의 소화에로 이행하는 포인트로서 이 두 사람의 문학자가 우수하고 첨단적인 감성과 재능을 가지고 있었다는 이유만으로 자기파괴를 숙명처럼 안고 있었다는 사실을 간과해서도 안 될 것이다. 이것을 한 마디로 말하면 마르크스주의 사상의 수입과 사회주의 운동의 대두라 할 수 있다. 그것은 개인주의 기반 그 자체를 동요시켰다. 「나는 이 앞을 계속 써내려 갈 힘을 가지고 있지 못하다. (중략) 누군가 내가 잠들고 있는 사이에 가만히 내 목을 졸라 죽여 줄 사람은 없을까」라고 『歯車』에서 비참한 패배에 대해 芥川龍之介는 토로하고 있었다. 그것은 그가 프롤레타리아 문학에 대한 근본적인 반발에 근거하면서도 그것에 대한 어떤 친화와 기대를 함께 표명하는 분열상을 드러내었던 것도 이러한 시대상황에 근거하는 것일 수밖에 없었던 것이다.
　순수 예술주의자 芥川의 죽음보다도 6년 빠른 대정12년 자학적인 휴

머니스트 有島武郎가 여름 軽井沢의 별장 浄月庵에서 婦人記者 波多野秋子와 함께 자결한다. 그 1년 전 대정11년 1월호의 『改造』에 「선언 하나」가 발표되었다. 이 「선언 하나」를 둘러싼 논쟁 속에서 소화라는 시대가 안고 있던 문학·사상의 문제의식 모든 것이 단서가 되고 있었는데 그것은 원질적인 裸形으로 제출되고 있는 것처럼 생각된다.

「선언 하나」속에서 有島武郎는 미래에 대한 뜨거운 희망을 나타냄과 동시에 스스로를 지탱하는 문학이론과 작품의 파산도 동시에 선언하고 있었던 것이다. 이것은 대정 인텔리겐차의 패배선언으로 읽는 것이 타당할지도 모른다. 패배의 자각과 죽음에 이르는 좌절에 대신하여 그가 「선언 하나」속에서 위탁한 것은 平野謙이 「『선언 하나』의 내용이 오늘날로부터 보면 진부함과 오류로 가득 차 있다」고 말할 정도로 진부함과 오류로 가득 차 있었던 것은 아니었다. 진부함과 오류만으로 완성된 것은 그 후의 일본공산당 내부논쟁이나 당 문학자와 문단인에 의해 개방된 논쟁이나 전향의 과정에서 배설된 여러 가지 言辞 쪽이라 할 수 있다.

有島武郎는 우선 「사회문제의, 문제로서 또는 해결로서의 운동이 소위 학자 또는 사상가의 손을 떠나 노동자 그들의 손으로 옮겨가려 하고 있다」고 상황을 분석해 보였다. 더구나 학자·사상가는 이와 같은 노동자층 내부로부터 생기고 있는 자립적인 운동의 싹을 잘라낼 수는 있어도 그러나 그것은 성장을 위해서도 결코 도움이 되는 것이 아니라고 하여 배척하였다. 대정 말기의 상황이 계급사회의 성숙으로부터 생길 수밖에 없는 계급분화가 어느 정도로 진행하고 있었던가 하는 문제는 그다지 중요한 것이 못된다. 그가 여기에서 극복해 왔던 난관이라는 것이 지식인과 그 작품이 현실에 있는 대중에게 어떻게 환원되어 왔던가 하는 문제의식은 부정적인 대답이라는 것에 걸쳐 있었던 것이다.

「거기서는 자신은 여왕의 자리에 다시 올라도 부끄럽지 않을 정도의 힘을 가질 수가 있었다. 살아가고 있는 속에 그것을 찾아내고 싶다」(『어떤 여자』)는, 이 왕에 군림해야 할 근대적 자아에의 찬가가 처음으로 사회나 대중의 본질과 만나면서 붕괴하게 되고, 그것은 단지 그 앞에서 무능을 드러내고 있는 有島武郎라는 한 사람의 자아를 상상할 뿐이라는 것이다.

그의 앞 세대인 田山花袋나 島崎藤村들의 자연주의 문학자가 서구적 근대라는 것을 일찍 포기하고 봉건적 優性의 적자인「家」의 내부 붕괴에 더욱 깊이 다가가게 되었는데 그것이 그토록 희망하고 있었던 프롤레타리아 문학자들이 전향 후에는 더욱 추악한 모습으로 똑같은 길을 걷는 결과를 만들었다. 그들도 또한 有島武郎와 같이 대중의 原像 앞에서「知」가 탈색되어 무능함을 드러내는 것을 보고 필연처럼 선택하였던 숙명적인 길을 답습하게 된다. 그러나 有島武郎가「선언 하나」에서 만일 본질적인 문제의식을 제기할 수 있었던 質이 있었다면 그것은 아마 그와 같은 것을 만나서 그들처럼 선택하는 계기를 거부하는 대신에 지식인과 대중 사이에 있는 괴리를 파악하고 그곳에 부동하고 있는 자신을 응시할 수 있었다고 하는 것이다. 그 때문에 그는 명치 이래 축적되고 또한 스스로도 正系的인 계보를 걸어왔던 근대적 자아의 긍정적인 자기주장이라는 왕도에로 향하여 파산선언을 내렸다. 그가 다음과 같이 말할 때『아낌없이 사랑은 빼앗는다』는 작자는 없었던 것이다.

「나는 제4계급 이외의 계급으로 태어나 성장하고 교육을 받았다. 그러니까 나는 제4계급과는 아무런 인연이 없는 보통사람의 한 사람일 뿐이다. 내가 신흥계급이 되는 것은 절대로 불가능하기 때문에 그렇게 될 생각이 없다. 제4계급을 위해 변호하고 입론을 세우고 운동하는 것도 나에게는 바보 같은 허위로서 불가능한 것이다. 금후 나의 생활이 어떻게 변하든 나는 어쩔 수 없이 종래 지배계급자의 소산일 수밖에 없다고 하는 것은 흑인이 아무리 비누로 씻어도 끝내 흑인일 수밖에 없는 것과 똑같은 것이다」.

우리들은 여기서부터 프롤레타리아트(=제4 계급)의 문학사상에 대해서 부르주아 문학사상 및 그것에 속하고 있는 有島武郎가 반드시 적이 될 수밖에 없고 또는 어떤 유효성도 가질 수 없다는 것만으로 이해하였다면 그것은 오해이다. 그가 여기에서 말하고자 하는 것은 그의 생존혁명이라 할 수 있는 유토피아 사상에 따라 북해도 狩太에 있는 자기 소유의 有島농장을 소작인들에게 해방하고 스스로는 전세방에 살았다는 실천 행동이라는 것은 어쩌면 대중들에게는 어떤 유효성도 가지지 못했다고 말한 지식인들, 혹은 유산자와 대중 사이에 존재하는 괴리의 자각이라 할 수 있고, 그곳으로부터 생겨난 절망적이고 깊은 단층이 생길 수밖에 없었다고 본 것이다.

「그들은 소위 사회운동가, 사회학자들이 활약하는 곳에는 시기의 눈이 번뜩인다고 보았다. 공적으로 그러한 것을 완전히 못하게 되기까지 그 마음속에는 이러한 태도가 작용하고 있는 것이다」고 말할 때 그는 대중이 가지고 있는 존재양식을 제대로 파악하고 있었다는 것을 의미한다.

그 후의 프롤레타리아 문학의 전성기에 행해진「지식인과 대중」을 둘러싼 논쟁에 관한 모든 것은「혁명」이나「党」이라는 절대적 가치를 전제로 하여 대중은 오오거나이즈(정당·노동조합 따위의 조직책)가 되어야 할 대상이었고, 지식인은 그 펌프 역을 맡고 있다고 말한 지식인 역할론으로부터 생겨난 것인데 그것은 감추고 싶을 정도의 대중 멸시를 전제로 한 사상이었다. 그것과 비교하면「선언 하나」는 존재기반이 다른 지식인들을 규정으로 하여 대중을 일률적으로 규정하려는 오만함을 폭로하고 있다. 대중은 표면적으로는 지식인에게 기울어져 있는 것 같아도 그것은 단순히 오류의 산물이라는 문제의식은 「지식인과 대중」의 본질을 꿰뚫고 있다고 볼 수 있다. 그리고 그는 「제4 계급자는 이러한 존재(=지식인)가 없어도 나아갈 수 있는 데까지 계속 나아가야 하는 것이다」고 결론을 짓는다.

이것에 대해 広津和郎는 「有島武郎씨의 궁핍한 사고방식」(대정11년 1월 1일～2일 『時事新報』)이라는 대담형식의 小論에서 「문학 따위를 말하는 것은 부르주아에도 프롤레타리아에도 전속되어야 할 대상이 아니다」. 「순수한 예술에 대한 인간의 감수성은 우리들이 생각하는 것보다 훨씬 넓고 훨씬 오묘한 것인데도」라고 반박한다. 이것에 대하여 有島武郎는 「広津씨에게 응답한다」(대정11년 1월 18일～21일 『朝日新聞』)에서 그런 것은 너무나 자명한 이치라고 주장한 이후에, 예술가를 다음의 3종류로 나누어 그 비판에 대답하고 있다.

말하자면 一, 생활 전부가 순수한 芸術境에 몰입하고 있는 사람으로 그 사람의 실생활은 주위 생활과 어떤 간격이 있던 간에 일체 그것에 대해 신경을 쓰지 않는다. 그렇게 해서 자신만의 독특한 예술적 감흥을 표현하기에 전 정력을 경주하는 사람. 二, 자신의 실생활과 주위 실생활과의 사이에 어떤 합리적인 관계를 만들어 가지 못하면 그 예술조차 살릴 수 없다고 느끼는 사람. 三, 어쨌든 자신의 현재 생활이 잘 진행이 된다면 부르주아를 위해 기염을 토하고, 게다가 프롤레타리아를 위해 등불을 들려고 하는 사람.

그 위에 有島는 자신 스스로를 제2 종류의 예술가라고 규정짓고 있다. 즉 실생활과 예술의 통일을 기하여 나가기 위하여 사회주의 사상을 필연적으로 가져야 한다고 생각해야 함에도 불구하고 그러나 그는 그의 문학을 현실에 가까이 다가서려고 하는 노력은 언제나 반대의 결과만을 낳게 만들었다. 그것은 부르주아 출신자들에 의해 작품이 만들어 졌기 때문이 아니고 문학이 가지고 있는 상황이 대중의 생활실감으로부터 미묘하게 벗어나 있어서 그 균열이 본질적인 곳까지 通底하고 있기 때문이었다. 그러나 그는 이와 같은 괴리에 대한 자각에 대해 정면으로부터 일본적 근대의「知」가 사회와 부딪치고 있다는 것을 의식하고 있었다고는 할 수 있다.

이러하다 보니까 有島의「어쨌든 제4 계급이 자기 자신의 입장에 서서 생각하고 움직이려고 했던 것이다」는 프롤레타리아 주체적 자립론에 대하여,「아무리 호의적인 눈으로 보더라도 제4 계급의 자기내발적인 힘이 만들어 낸 신문화라는 것은 아직 없는 것이다」는 논지로부터 비판하고 있던 것은 片山伸이었다. 그는「계급 예술의 문제」(大正11년 2월『改造』)나「내가 태어나고 자란 境遇와 나의 소양은 반드시 그렇게 만들지 않는(=프롤레타리아 예술가로서 프롤레타리아에 호소해야 할 작품을 산출하려고 하지 않는다) 다는 것을 충분히 의식하는 것으로 해서 나는 나의 분수를 알려고 생각하지 않는다」는 인식으로 향해 나아가게 되다보니까「지식계급의 일부가 노동운동에 참가하는 것은 필연적인 것이고 또한 필요한 것이다. 또한 처음에는 지식계급자만이 소위 지도자가 될 수도 있었겠지만 차츰 노동자 중에서도 얼마든지 훌륭한 지도자가 나타나는 것이다」고 비판한 堺利彦의「有島武郎씨의 절망의 선언」(大正11년 2월『前衛』)보다도 河上肇의「개인주의자와 사회주의자」(大正11년 5월『改造』) 쪽이 훨씬 공감이 가는 부분으로 有島가 문제를 제시한 것에 근접하고 있다고 생각된다.

河上肇는 여기에서「그는 자신이 살아가고 있는 사회—동시대의 사회에 대해서 극단적인 에고이스트로서 시종한다. 지금 이와 같은 에고이스트가 그가 사는 사회로부터 존중을 받지 못하는 것은 어쩔 도리가 없다. 그러니까 밀레도 극단적으로 궁핍한 생활일 수밖에 없었다」고 쓴다. 河上는 여기서 예술적인 가치의 척도와 현실적인 가치 척도는 다른 위상에 있는 것이어서 예술적인 가치는 결코 현실적인 가치로 환원할 수 없다는 인식에 서 있다. 그러나 이와 같은 인식은 긴 시간이 흐른 후에 전후가 되어 드디어 吉本隆明의 노력에 의해 시민권을 획득하게 되는데, 그러나 그 사이에 이루어진 프롤레타리아 문학운동과 그 패배로부터 이어진 전향과 전쟁에 이르는 길은 너무나 많은 굴절과 희생이 따랐던 것이 아니었던가.

「선언 하나」를 둘러싼 논쟁이라는 것은 일본적 근대가 처음으로 사회나 대중과 정면으로 만나는 것에서부터 생겨났다고 말할 수 있다. 그것은 일본적 근대의 성숙이 개인의 규범을 무너뜨리는 결과가 됨과 동시에 소화기라는 프롤레타리아 문학 시대의 문을 열 수 있었다는 것을 의미하고 있다. 그 출발에 있어서 有島武郞가 제시한 것은 예술과 현실의 자세, 혹은 지식인과 대중이라는 이원론이라는 문제의식이 싹트고 있었다고 볼 수 있다.

그가 죽음과 바꿔 제시하였던 것은 그 후 반대의 방향에로 나아갔는지 모른다. 그것은 党이나 혁명을 절대시하였던 결과에서 생기는 지식인과 대중의 단락적인 결합을 희망하였기 때문이다. 그 결과 좌익 지식인들은 有島 희망의 모든 것이라 볼 수 있었던 「나는 다가와야 할 문화가 프롤레타리아에 의해서 축적되어져야 할 것이고 또한 쌓아올려져야 할 것이라고 믿는다」고 말한 대중 자립의 싹을 틔우고서는 다시 党이라는 불도저로 그곳을 무너뜨렸던 것이다. 有島의 불행이라는 것은 어쩌면 대중과 지식인의 괴리의 폭을 메우지를 못하였고 단지 프롤레타리아트의 자립을 일원적으로 희구하였던 곳에 있었다고 한다면 그 후의 프롤레타리아 문학자의 오류는 지식인과 대중 사이의 괴리의 폭을 捨象해버린 결과, 현실적인 가치의 규범을 오로지 그 이론이라는 잣대로 가지고 밀어 부쳤던 결과로 볼 수 있다. 그러나 프롤레타리아 문학자들이 有島가 제시한 지식인과 대중의 괴리에 대한 자각을 계승하고 있었다고 한다면 프롤레타리아 문학운동의 質은 다른 형태로 나타났을지도 모른다.(高野庸一,「선언 하나」를 둘러싼 논쟁, 참조)

다시 한번 구체적으로 서술해 보면 먼저 그 발단과정을 살펴보면 다음과 같다. 러시아에 있어서 혁명의 진행, 제1차 세계대전 종결이라는 국제정세를 배경으로 하여 일본에서도 계급의 대립, 노동운동·사회주의 운동이 급속히 격화해 가기 시작한 상황 속에서 有島는 이 평론에서 다음과 같은 취지를 제언했다.

최근 일본에 있어서 가장 주의해야 할 현상은「사회문제의, 그 문제로서 또는 해결로서의 운동이 소위 학자 또는 사상가의 손을 떠나 노동자들의 손으로 옮겨가려고 하는 일」이다. 노동자들(제4 계급)은 부르주아적 생활을 하고 있으면서 자신들의 신상에 대해서는 이것저것 다른 사람들의 손에 자신들의 운명을 맡기고 있는 습관을 깨트리려 하고 있다. 그들은 이미 크로포트킨이나 마르크스와 같은 사상가마저도 필요없는 것이고, 또한 다른 계급 출신의 지도자에 의해서 지도 받는 운동은 도리어 그 순수성을 훼손할 수 있는 것이고 올바른 발전을 저해하기도 한다 생각하였다.

사상가로서의 크로포트킨이나 마르크스의 공적은 제4 계급 이외의 계급자들에게 호소하여 관념의 눈을 가로막게 한 점에 있었다. 그런데 나는 제4 계급 이외의 계급에 태어나 성장하고 또한 교육을 받은 지배계급에 속하고 있기 때문에 신흥 계급자가 될 수는 절대로 없고 또한 되려고도 생각하지 않는다. 일부의 사람들이 생각하는 것처럼 제4 계급을 위해 변호하고, 立論하고, 운동하는 그런 바보 같은 짓은 불가능하다. 결국 나의 일은 제4 계급 이외의 사람들에게 호소하는 수밖에 없는 것이라는 것이다.

 이 有島의 첨예한 문제의식에 근거한 태도 표명은 그 자신 전혀 예기하지 못했을 정도로 큰 파문을 불러일으켰다. 우선 広津和郎가『時事新報』(대정11년 1월 1일~3일)에「부르주아 문학론―有島武郎씨의 궁핍한 사고방식―」을 쓰고 문학이라는 것은 부르주아에도 프롤레타리아에도 전속해야 할 것이 아니고, 순수한 예술에 대한 인간의 감수성은 보다 훨씬 넓은 것이고 또한 미묘한 것이라고 말하고 있다. 有島의 説은 부르주아와 프롤레타리아라는 두 개의 말에 너무나 구애를 받으면서 위협성이 드러난 것이 아닌가 하고 비평했다. 그러나 문예의 가치를 초계급적인 것, 보편적인 것으로 보는 広津의 견해는 일반론으로서는 타당할지 모르겠지만 有島의 깊은 문제의식으로부터 보면 논점에 큰 괴리가 있었던 것이다.

 그래서 有島는 곧『東京朝日新聞』(1월 18~21일)에「広津씨에게 응답한다」를 발표하고 自説을 敷衍하면서 다음과 같이 반론했다. 그는 우선 広津가 지적하고 있는 것은 너무나 명백한 사실이기 때문에 문제로 삼지 않았던 것이라고 양해를 구한 위에 예술가에는 一, 泉鏡花와 같이 생활전체를 순수한 芸術境에 몰입할 수 있는 타입과 二, 예술과 자신의 실생활 사이에 망설이지 않고는 들어갈 수 없는, 따라서 자신의 실생활 사이에 어떤 합리적 관계를 만들지 않으면 그 예술조차 산출할 수 없다고 느끼는 타입과 三, 자신의 예술을 실생활의 편의를 위해 사용하려고 하는 타입의 세 종류가 있다고 전제한다. 그리고 난 뒤, 자기 자신은 제2의 타입에 속하기 때문에 따라서 생활과 예술 사이에 올바른 관계를 가져가야 한다는 그러한 곳으로부터 필연적으로「선언 하나」

에서 발표했던 이상과 같은 견해가 나오게 된 것이라고 하였다. 이렇게 有島는 말하고 그 진의를 다음과 같이 부연하고 있다.

　자신은 다가올 프롤레타리아에 의해 진전해야 할 것이고 또한 진전할 것이라고 믿고 있다. 그러면 왜 프롤레타리아의 예술가로서 프롤레타리아에 호소해야 할 작품을 만들려고 하지 않았는가. 될 수 있다면 자신은 그렇게 하고 싶었다. 그러나 자신이 태어나고 성장한 境遇와 소양이 그렇게 하기에 충분히 정비되어 있는 상태가 아니라고 보기 때문에 자신은 무리하게 그러한 벽을 넘어서려 하지 않는다. 자신의 이런 기분에 대한 反証으로 자주 러시아의 예를 들고 있다. 그것은 그러한 것을 자각한 부르주아가 반드시 그대로 프롤레타리아가 될 수 있는 것은 아니라고 일컬어지고 있는데 그러나 자신의 관찰은 다소 일반인들과는 다르다. 有島는 이렇게 말하고 그 점에 관한 그만의 견해를 분명히 한 위에 다음과 같이 결론을 맺고 있다.

　　와야 할 문화를 가지고 있는 프롤레타리아에 의해 그 문화가 쌓여져야 할 것이라면 그것은 순수하게 프롤레타리아 자신이 가지고 있는 사상과 활력에 의해 축적되어야만 한다. 적어도 그러한 각오를 가지고 문화를 축적해가려는 사람은 일어서야만 한다. 동시에 그 문화의 출현을 믿지 않는 자로 하여금 자신 스스로가 그 문화와 다른 생활을 하고 있는 것을 발견한다는 것은 가령 어느 정도 자신이 믿음을 가지고 생활한 생활의 이점을 잘 활용하고 있다 하더라도 새로운 문화의 건립에 대한 지도자, 교육자가 스스로 그 자리에 임해야 할 것은 아니고, 자신의 사상적 입장을 스스로 이해해가면서 그 입장에 처해 있는 현실을 만족해야 한다. 만일 잘못하여 사려 없이 자신의 범위를 넘어선 일이 된다면 그 사람은 순수해야 할 사상의 세계를 불필요한 말참견으로 인해 혼탁하고 어떠한 의미에서는 실제상의 일의 진보도 저해하는 결과가 될 것이다.

또한 첨가하여 有島는 자신과 똑같은 제2 타입의 예술가인 広津가 제1 타입에 속하는 예술가라고 주장하는 것은 납득이 가지 않는다고 서술하고 있다.

　이상과 같은 논지를 개진하는 有島의 口調에는 부르주아 출신의 양심적 지식인으로서 빠질 수밖에 없었던 딜레마의 고충은 직접적으로는 토로되고 있는 것은 아니다. 그러나 거기에는 후의 강연 필기인『即実』(대정11년 10월) 속에서 나오고 있는 다음과 같은 고충이 숨겨져 있는 것을 알 수 있다.

　「인류애가 인류 전체의 아름다운 생활을 바라고 있다면 노동계급의 사람들은 자본 계급의 딱딱한 기와를 깨트리지 않으면 안 되는 것입니다. 그것을 파괴하여 이 장벽을 돌파하지 않으면 인류애가 인류 전체에 미칠 날은 결코 오지 않겠지요. 그러한 데도 나는 지금 그것을 이것저것 다 말할 수 있는 것은 아닙니다. 말할 자격이 나에게는 없는 것입니다. 프롤레타리아도 말할 수 없는 말속에 내가 멋대로 개입할 수만 있다면 나는 무서운 것을 쓸 수가 있을 것입니다. 할 수 있다고 생각합니다. 그러나 나는 부르주아지입니다. 그것을 위해 부르주아지에게 호소하는 소설밖에 쓸 수 없는 것입니다. 쓸 수 없다는 사실은 유감입니다만 그것도 도리가 없는 것입니다.

　한편 広津는「부르주아 문학론」에서 못다 말했던 것의 보충을「有島武郎에게 더 보탠다」(대정11년 3월『表現』)나「여러 가지 일―소위 계급문예와 계급문제」(3월 5〜10일『時事新報』)에서 행하고 있었다. 그 위에 그가 有島의 사후 발표한「산문예술의 위치」(대정13년 9월『新潮』)에 있어서는 有島가 제1 종류의 예술가에게 선망을 느끼면서도 스스로는 제2 종류의 예술가밖에 되지 못하였다고 생각했다. 그 논리를 역이용해서 有島의 예술지상주의에 대한 콤플렉스를 파고들어 오히려 有島가 말하고 있던 제2 종류의 예술가야말로 근대 산문예술의 본도라고 주장했다.

　그것은 그 나름대로 정당한 주장을 담고 있다고 보이는데, 이상에서 보이는 広津의 견해는 森山重雄가 지적하고 있는 바와 같이(『실행과 예술』「有島武郞에 있어서 生의 이율성 인식」), 有島가 제4 계급의 출현을 앞에 두고 제4 계급 이외의 예술가로서 빠져있었던 딜레마에 대한 고충과 거기에 내포되어 있던 예술과 실행, 사상과 실생활의 모순을 어떻게 해결하고, 또한 그 시대가 던지고 있는 문제에 어떻게 문학상에 있어서 책임을 다하는 길이 있을까 하는 절실한 물음으로부터 그 논점에서 벗어나서 결국 그것을 예술 내부의 문제로서 처리해 나가는 방향으로 굴절되어 버렸던 것이라고 볼 수 있다.

　有島의 「선언 하나」는 이상과 같이 広津와의 사이에 일어난 응수를 비롯하여 많은 논의를 불러일으켰는데 그것들을 有島 자신의 반론・補足을 포함하여 열거하면 다음과 같다.

　片上伸「계급예술의 문제」(2월『改造』)
　堺利彦「有島武郞씨의 절망의 선언」(2월『前衛』)
　平林初之輔「신년호의 평론으로부터―학자와 제4 계급」(2월『新潮』)
　宮島新三郞「예술과 계급」(3월『改造』)
　加藤一夫「프롤레타리아트는 그 자신의 문학을 요구한다」(3월 『改造』)
　有島武郞「片信」(原題「雜信一束」3월『我等』)
　福士幸次郞「在京의 친구에게―僧房으로부터」(3월 18～23일『時事新報』)
　室伏高信「계급투쟁에 있어서 지식계급, 문화 및 예술」(4월『批評』)
　片上伸「有島씨의 태도」(4월『我等』)
　本間久雄「최근의 제 문제를 보고하는 글」(4월『早稲田文学』)

藤原鉄乗「有島武郎씨에게」(4월『氾濫』)
近松秋江「좋은 道楽」(4월『新潮』)
西宮藤朝「갱생의 번뇌」(4월 8〜11일『時事新報』)
河上肇「개인주의자와 사회주의자」(5월『改造』)
江口渙「계급과 문학과의 관계를 논한다」(5월『新潮』)
有島武郎「想片」(5월『新潮』)
青野季吉「지식인의 현실 비판」(5월 27〜31일『読売新聞』)
小島徳弥「무산계급은 예술에 대해서」(5월『報知新聞』)
室伏高信「有島武郎『想片』」(6월『批評』)
武藤貞一「도피자의 高踏」(『日本及日本人』)
千葉亀雄「有島武郎씨와 叛逆心」(6월『雄辯』)
前田河広一郎「本年 문단 전반기의 계급투쟁 비판」(7월 1〜5일『報知新聞』)
大森眠歩「환상과 현실 위에 서다」(7월 4일『読売新聞』)
直木三十五「人事一束」(8월 20일『時事新報』)
安野茂「사상의 혼란기에」(11월 22일『読売新聞』)

　有島가 諸家의 비판에 응답한 「片信」 및 그 補足으로 쓰여진 「想片」을 중심으로 이 논쟁의 경과를 거슬러 올라가 봄과 동시에 河上肇가 「개인주의자와 사회주의자」에서 보인 견해를 보면 이상과 같이 언급한 대로이다.
　당시 사회주의 운동의 제일의 지도자라고 할 수 있던 堺利彦는 「有島武郎의 절망적 선언」을 쓰고, 有島가 계급투쟁을 시인하고 신흥계급을 존중하면서 스스로 「인연이 없는 중생」이라 칭하여 신흥계급이 되기를 바라지 않는다고 말하곤 했다. 그 겸양적인 태도 속에는 어느 정도 여성적이면서도 싫어하는 것이 느껴졌다고 해도 좋다. 그것은 루소 나 레닌을 실례로 들어가면서 有島와는 역으로 혁명적 지식인들의 적 극적 역할을 설명하고 있는데 有島와 같이 크로포트킨, 마르크스, 레닌 까지 전부 지식계급의 출신이었기 때문에 혁명운동을 악화시켰다고 생 각하는 것은 잘못이라고 비판하고 있다. 이러한 有島의 선언에 대해 그 는 온당한 인도주의자가 절망적인 도피를 시도한 선언에 지나지 않는다 고 보았다.

이러한 의견에 대해서 有島는 「片信」속에서 「그 선언이라는 것」이 자신 혼자만의 예술가로서의 입장을 결정하기 위한 선언이어서 그것을 모든 타인에게까지 끼워 맞출 기분은 없기 때문에 이것을 여성적이면서 싫어하는 것으로 받아들인 堺利彦의 말은 되돌려주고 싶다고 말하고 있다. 이어서 堺利彦의 「루소와 레닌」, 「노동자와 지식계급」의 두 개 를 들어 자신의 言說에 일부 기교가 지나친 곳이 있었다는 것은 인정 하지 않을 수 없다고 생각한다. 그러나 그것은 생명 있는 사상 또는 지 식이라는 것은 만일 그 뿌리가 감정에까지 미치지 않으면 안 된다는 생 각이 잘못되지 않았다면 자신이 제4 계급 사람들의 감정에까지 파고들 어갈 수 없는 이상, 그와 같은 선언을 하는 것은 당연한 것이다. 그것 을 堺利彦가 「절망 선언」이라 주장한 것은 그러한 점에서는 맞을 수도 있겠지만 그러나 제4 계급 출신자가 아닌 堺利彦 자신이 그 점을 어떻 게 생각하는가 하고 역으로 반문했다.

이러한 두 사람간의 응수를 보면 혁명운동에 있어서 지식인 역할이라 는 일반적인 생각에서 보면 堺利彦가 말하는 곳에 이치가 있는 것이다. 또한 그러하기 때문에 有島도 일부의 잘못을 시인하지 않을 수 없었던 것이다. 그럼에도 불구하고 여기에서도 堺利彦의 비판은 有島가 내심 무엇보다 괴로워하고 있던 계급 이행의 곤란한 문제에는 깊게 언급하지 않은 채 양자는 평행선을 유지하는 것뿐이었다.

다음에는 片上伸의 「계급예술의 문제」에 관한 것인데 이것은 계급예술은 전인간적 자유의 회복을 꾀하는 것이고, 한 계급을 위한다는 제한에 구애받을 필요가 없어져야 한다는 생각에 입각해 있다. 이것은 혁명 후의 러시아 문학에 관한 당시로서는 해박한 지식에 근거하여 계급예술론을 전개하고 있는데 有島의 약점을 찌르려는 것이다. 그러나 거기에는 예술과 실생활 사이의 모순에 괴로워하는 문학자로서의 절실한 모티브가 완전히 결락되어 있다. 그 뿐만 아니라 「그렇게까지 냉정하게 자기방어의 신경만 신경 쓰고 있는 것일까. 그렇게까지 위험을 느껴 일체의 동요, 요구, 주장, 흥분을 억제하고 있는 것일까. 아무리 부르주아지의 생활에 침윤된 인간이라 할지라도 그것 때문에 마음의 精髓까지 硬化하지 않는 한, 여우처럼 냉철한 본능으로 자신만 구원받으려고 하는 것에만 서두르지 않는 한, 자기 마음의 흥분까지도 일정한 테두리 내에 진정시킬 수 있다든가, 「씨가 부르주아지인 것을 인정하면서도 그것에 그냥 만족하고 있다는 사실에 대해 이상하게 생각하는 것이다」든가 하는 一節에 엿볼 수 있는 바와 같이, 有島의 心事에 대한 근본적인 오해를 가지고 있어서 완전히 엉뚱한 비판으로 끝나고 있는 것이다.

有島는 이것에 대하여 「片信」에서 「만일 나에게 여우와 같은 냉철한 본능이 있었다고 한다면 아마 제4 계급적 작품을 제조하고, 제4 계급적 논문을 발표하여 스스로 제4 계급의 동정자, 이해자로 자처하였을 것이다」고 대답하고 있다. 따라서 「나는 제4 계급이 계급 一掃 때문에 일어서고 있는 것에 깊은 동정심을 갖지 않으면 안 된다. 그것을 위해 나는 될 수 있는 대로 그 운동이 순수하게 행해질 것을 희망한다. 그 희망이 자신이 격에도 맞지 않는 곳으로 이끌려가는 것에 대해 거부하는 것이다」고 진정을 토로하고 있다. 이것은 러시아의 인텔리겐차를 예를 들고 있는 논의에 대해서 생명을 걸고서라도 싸울 각오도 없이 그저 입만 가지고 아무리 지껄인다 해도 그냥 자신은 부르주아인 까닭에 부르주아에 대하여 일을 한다고 하는 쪽이 오히려 바람직할지 모른다고 부가하였다. 이것은 역으로 片上伸의 약점을 포착한 것이라고 할 수 있다.

이 후의 앞의 일람표에서 보는 바와 같이 여러 가지 논의가 이루어졌는데 有島는 그것들에 일일이 응대하지 않으면서 「想片」(5월 『新潮』) 한 편을 발표하여 自說을 補足했다. 有島는 이 一文에서 「유물사관은 단순한 정신 이외의 한 현상이 아니라 진실로 생명관 그 자체인 것이다」. 「마르크스는 그 생명관에 있어서 物心의 구별도 하지 못할 정도로 전적 요구를 한 사람이었다」. 「유물사관의 源頭인 마르크스 자신의 최초의 요구로 인하여 최후의 기대는 유물의 질곡으로부터 인간성에의 해방이다」는 그만이 가지고 있는 생명관적 마르크스주의에 대한 파악을 보이고 있다. 그것과 개성의 내적 충동을 근거로 하고 있는 자신의 생각과는 모순되지 않는 것으로 생각하고 있다. 이러한 충동이 순화된 표현으로서의 예술의 가능성은 제4 계급에 있어서 자신이 속한 계급에도 없는 것, 그러하기에 자신에게 있어서 계급 이행이 곤란한 한, 자신은 자기 계급에 대하여 挽歌를 노래하는 수밖에 없다는 것을 고백하고 있다. 자신은 당분간 이 문제에 관해서는 별로 할 말이 없다는 것을 분명히 하여 논쟁의 장으로부터 회피하였던 것이다.

이와 같이 有島에 관한 논쟁은 거의 진전을 이루지 못한 채 끝나버렸다. 有島가 논쟁에 종지부를 찍은 것과 때를 같이 하여 『改造』의 5월호에 河上肇의 「개인주의자와 사회주의자」가 揭載되었다. 이것은 河上가 京都대학의 기숙사에서 행한 강연이었는데 이것은 직접 「선언 하나」를 비평한 것은 아니었지만 그 話題는 「선언 하나」를 읽고 생각이

났던 것이어서 논쟁의 과정에 있어서 파생적으로 생겨난 중요한 제언으로서 주목받았다.

河上는 여기서 에고이스트(개인주의자)의 예로서 렘브란트를, 非 에고이스트(사회주의자)의 대표로서 크로포트킨을 들고 있다. 렘브란트와 같이 철저한 에고이스트가 되지 못하면 위대한 예술가도 학자도 될 수 없는 것, 이것은 역으로 크로포트킨의 경우는 훌륭한 지리학자가 되어야 할 재능과 境遇를 가지고 있었음에도 불구하고 그가 학자가 될 수 없었다고 하는 것은 그의 철저한 非 에고이스트적 성격으로부터 기인하는 것이라고 설명하고 있다. 「철저한 에고이스트도 훌륭하지만 철저한 非 에고이스트도 또한 훌륭한 것이다. 나는 렘브란트에게 머리를 숙이지만 크로포트킨에게도 역시 머리를 숙인다. 어느 한쪽형의 인물만을 바란다고는 생각할 수 없다. 어떤 형의 인간도 모두 유익하다고 나는 생각한다」는 것인데 그러나 이것은 사회개조 문제가 생활의 핵심을 형성하고 있는 지금의 시대에 「우리들은 후퇴하여 자신을 가꾸는 것에 전념해야 할 것인가, 또는 가령 이미 얻은 지식을 분배하는 것에 힘을 기울어야 하는 것인가. 아마 그것은 사람의 기질이 최후의 결정을 내려야 할 문제일 것이다」고 맺었다. 이것은 有島가 제시한 문제에 직접 응답한 것이 아닌 것임에도 불구하고 예술, 학문 그리고 인간에 대한 깊은 통찰력에 근거하고 있는 문제의 핵심을 언급한 것이라고 할 수 있을 것 같다. 단 有島는 이것을 읽고 「모든 것을 처음으로 되돌리면 간단한 일이 될 것이라는 것을 알 것이다. 실제는 그러한 지도 모른다. 거기에 <있지 않으면 이루어지지도 않는다>는 것을 사용한다는 것은 작위처럼 보입니다. 이러한 것을 나는 더욱 깊게 생각해야 한다고 봅니다」(4월 27일자, 牧山正彦 앞고 친구에게 써 보낸 것에 그치고 있다.

그 수확은 高橋新太郎가 지적한 대로 「선언 하나」는 무엇보다도 우선 有島가 자기 자신에게 한 선언이라 할 수 있는데, 자기를 변혁한 다는 것이 얼마나 어려운가를 오랫동안 체득해 온 有島에게 있어서 계급 이행의 문제가 안이하게 해결될 수 없는 사업이라는 것에 대한 무거운 실감이 근저에 있다. 이러한 무거운 실감의 뒷받침이 그로 하여금 지식인의 역할에 대한 숙명론적인 선언으로 몰아갔다고 보이는데 말하자면 자기 소신에 대한 집요한 固執이었다고 할 수 있다.

이러한 것을 비판하는 입장에서 보면 有島의 실감과 내면의 고충에 대한 깊은 이해와 배려가 부족하기 때문에 片上伸의 立論을 제외하고는 거의 수확다운 수확도 없이 논쟁은 끝났다고 보는 것이다. 有島가 제시한 문제가 그곳에 내재해 있던 사실인식 내지 이론적인 면에서의 잘못을 초월하여 더욱 깊은 곳으로 승화되어 가는 것으로 받아들여져야 할 것이 분명해진 것은 宮本百合子의『부인과 문학』(소화23년) 속에서의 언급이나, 平野謙의「『정치의 우위성』이라는 것은 무엇인가」(『近代文學』제6호, 소화22년 10월)에 시작되는 몇 회인가 걸치는 이상과 같은 언급을 본 이래의 일이다.(安川定男「「선언 하나」를 둘러싼 논쟁」참조)

다음은 이 논쟁에 대해 좀더 자세하게 살펴보자. 有島는 다가올 시대의 문화는 제4 계급이 될 것이라는 것에 대해 믿고 있었다. 그 이외의 계급에 태어나 성장하고 교육을 받았다는 것은 제4 계급과 관련이 없는 중생에 불과하다는 인텔리겐차의 패배를 선언한 것이었다.

사상과 실생활의 융합, 그러한 곳으로부터 생기는 현상으로서 사회운동이 학자나 사상가의 손을 벗어나 노동자의 손으로 옮겨가려는 경향을 지적하여 다음과 같이 적고 있다.

학자도 사상가도 노동자도 선구자이고, 지도자라고 자랑스러운 듯이 내용이 없는 태도로 나서는 것은 다소의 각성의 태도는 보이는지 몰라도 그것은 어디까지나 노동자의 대변자에 지나지 않는 것이다. 그러나 무엇보다도 노동문제의 根底的 해결은 노동자 자신들의 손에 의해 성취되어야 한다는 각오를 가지고 있지는 못한 것 같다. 노동자는 이러한 각오에 흔들리는 마술적 암시를 받고 있었다. 그러면서 이 미신으로부터의 해방은 지금 성취되려는 듯이 보인다.

이것은 일본에 있어서 발발한 어떠한 사실보다도 중대한 사실이라고 한다. 여기서부터 급속히 결론이 나오게 된다.

> 나는 제4 계급과는 인연이 없는 중생의 한 사람이다. 나는 신흥계급자가 되는 것이 절대로 불가능하기 때문에 되려고도 생각하지 않는다. 제4 계급을 위해 변호하고, 立論하고, 운동하는 그런 바보스런 허위 짓도 불가능하다. 금후 나의 생활이 어떻게 변하든 나는 결국 종래의 지배계급자인 것이 틀림이 없다는 것은 흑인이 아무리 비누로 씻어도 흑인인 것이 변함없는 것과 같은 것이다. 따라서 나의 일은 제4 계급 이외의 사람들에게 호소하는 일로 끝나는 수밖에 없다. (중략) 아무리 뛰어난 학자이든 사상가이든 운동가이든 頭領이든 제4 계급적 노동자 없이 제4 계급의 사람에게 무언가 기여한다고 생각한다면 그것은 분명히 사상누각이다. 제4 계급은 그 사람들의 부단한 노력에 의해서만 이루어질 수 있는 것이다.

広津和郎는 대정11년 1월 1일, 2일, 3일의 『時事新報』에서 「변함없는 有島식의 궁핍한 사고방식」이라고 평하면서 「순수한 예술에 대한 인간의 감수성은 우리들이 생각하는 것보다도 훨씬 더 넓고, 훨씬 미묘한 것」이라고 단정지었다.

> 문학은 부르주아지에도 프롤레타리아에도 전속해야 할 사항이 아니라는 것이 나의 의견인 것입니다. 즉 우리들의 순수한 기분을 발산할 수 있도록 유의하는 것이 중요하다고 생각하는 것입니다. 有島씨의 說은 부르주아와 프롤레타리아라는 두 개의 말에 너무나 구애받아 버린 것은 아닌가 하고 생각하는 것입니

다. 그러한 말의 대립이 지금처럼 확실하게 다가왔기 때문에 떠오른 생각에 지나지 않는 것이 아닌가 하고 생각하는 것입니다.

수년 전에 『화내는 톨스토이』를 쓰고 항상 자아에 괴로워했던 「Disord」에 의한 초조감이 얼마나 생의 자연스러움을 방해하고 있는가를 논한 広津가 「선언 하나」에 보이고 있는 有島의 사고방식에 궁핍한 부자연스러움을 느꼈던 사정은 용이하게 읽을 수 있다.

有島는 1월 18일부터 4일간에 걸쳐 『朝日新聞』에 「広津씨에게 응답한다」는 一文을 발표하고 여기에 응수했다. 그는 문중에서 예술가라고 칭하는 것을 세 종류로 나누고 있다.

제1의 종류에 속하는 사람은 그 사람의 생활 전부가 순수한 芸術境에 몰입하고 있는 사람으로, 그 실생활은 주위와 간격이 있을 거라고는 조금도 의심하지 않는다. 자신의 예술적 감흥을 표현하는 것에 전 정력을 경도하여 다른 것을 되돌아보지 않는다. 예를 들면 泉鏡花와 같은 경우이다.

제2의 사람은 예술과 자신의 실생활 사이에 있는 생각에 항상 주저하다가 몰입할 수 없는 사람이다. 자신의 실생활과 주위의 그것과의 사이에 어떤 합리적인 관계를 만들지 못하면 그 예술조차 산출이 불가능한 그런 종류의 사람이다.

제3의 사람은 자신의 예술을 실생활의 편의에 이용하려는 사람, 자신의 현재의 생활이 보기 좋게 맞출 수만 있다면 부르주아를 위해 기염을 토하려 하고, 프롤레타리아를 위해 힘을 다하려는 사람이다.

이렇게 하여 이 3종류의 사람을 그는 다음과 같이 평가한다.

예술가라고 말하는 사람의 입장에서 말하면 제1 종류의 사람은 가장 부러워

해야 할 순수한 예술가이고, 제2 종류의 사람은 예술가로서는 소위 신출내기 예술가라 할 수 있는 사람이고, 제3 종류의 사람은 나쁜 의미의 芸人이라 선택할 곳이 없는 사람이다.

그러면 그 자신은 어디에 속하였을까.

내 자신은 제1 종류에 속하는 예술가일 수 있을까 하고 생각해보았지만 불행히도 그렇지 못하다. 나는 항상 자신 실생활의 상태에 대해서 멈칫하고 있다. 그리고 그 생활과 예술 사이에 바른 관계를 가져가고 싶다고 고려하고 있다. 이것이 나의 마음의 실상이다. 이러한 心事를 가지고 나는 스스로를 제1 종류의 예술가답게 꾸밀 수 없다. 그렇게 꾸밀 수가 없다면 「선언 하나」에서 발표한 것을 말해야 한다는 것은 자연스러운 일이다.

즉 有島는 자신을 제2 종류에 속하는, 소위 아마추어 예술가로 규정하고 있다. 이것은 문학작품의 내용적 가치에 대해서 논할 때의 菊池寬의 태도와 일맥상통하는 데가 있다. 즉 「생활과 예술 사이에 바른 관계를 가지고 싶다고 고려」하지 않을 수 없었던 것이다.

장래의 문화가 프롤레타리아에 의해 쌓아지는 것이라면 그것은 순수하게 프롤레타리아 자신에 의해 사상과 활력에 의해 쌓아지지 않으면 안 된다는 것을 말하고 있는 것이다.

나는 뭐라 해도 자신이 부르주아지의 생활에 침윤된 이상, 멋대로 다른 계급의 사람들에게 호소하는 예술을 유의하는 것에 대해서 위험을 느끼고 자신의 입장을 분명히 해 둘 필요성을 느끼기에 이르렀다. 그렇게 생각하는 것이 궁핍하다고 생각한다면 나는 자신의 태도의 궁핍함에 달게 받으려고 한다.

그는 자기변혁이라는 것을 근본적으로는 신용하고 있지 않다. 안이하게 자기변혁을 몽상하는 것에 대한 위험을 두려워하는 것이다. 문학이 작자의 육체에 뿌리내리는 것을 굳게 믿고 있는 것에서 오는 것이다. 프롤레타리아트의 주체성과 함께 인텔리겐차의 주체성을 확인하는 수밖에 없다고 생각하는 곳으로부터 나오고 있는 것이다. 더구나 한 쪽에서는 장래의 문화 담당자로서의 프롤레타리아트의 출현에 무관심할 수 없었던 것이다. 이 두 개를 접근시키다 보면 생활과 예술을 통일적으로 관계 지우려고 하는 苦慮가 「선언 하나」에 나타난 것이다. 広津和郎에 있어서 이런 苦慮만큼 어리석었던 것은 없었던 것이다.

「선언 하나」를 둘러싼 有島, 広津의 논쟁에 참가한 사람으로서 그 밖에 片上伸(天弦)이 있었다. 「계급예술의 문제」(『改造』대정11년 2월호)에서 片上伸은 有島에게 묻고 있다.

> 그렇게까지 냉정하게 그렇게까지 자기방위에만 신경 쓰고 있을까. 그렇게까지 위험을 느껴 일체의 동요, 주장, 흥분을 억제하고 있을 수 있을까. 아무리 「부르주아지 생활에 완전히 浸潤된 인간」이라 하더라도 그 때문에 마음의 핵심까지 硬化하고 있지 않는 한, 여우와 같은 예리한 본능으로 자신을 구원하려는 것에 서두르지 않는 한, 자기 마음이 흥분되는 것까지 일정한 테두리 내에 억제할 수 있을까. 사람은 각자 기질을 달리 한다고는 하나 이러한 有島씨의 사고방식은 너무나도 윤리적, 이지적이어서 그것들에 대한 고찰을 자신의 감정 속에 따뜻하게 융화시키지 못하는 우려가 있는 것이다.

여기에는 片上伸의 놀랄만한 오버된 생각, 오해가 있었다. 문학에 있어서 육체의 계급성이라 해야 할 것을 고집하고 있던 有島의 초조감으로부터 오는 広津和郎가 말하는 「궁핍한 사고방식」을 세속적인 「자기 방위의 신경」, 「여우와 같은 냉철한 본능」에 의한 것으로밖에 이해할 수밖에 없었던 片上의 이해의 빈약함이 문제라도 해도 좋다. 「그렇게까지 위험을 느껴 일체의 동요, 요구, 주장, 흥분을 억제하고 있을까」는 의문에 이르러서는 滑稽라 할 수밖에 없다. 그것을 억제하기는커녕 有島는 골계로까지 그것들을 드러내고 있다는 것이다. 더구나 그것은 자신의 현재 생활의 위험에 대한 예감 따위는 완전히 관련이 없다고 말하는 것을 의미하는 것이라고 봐도 좋다. 「선언 하나」를 이 정도로밖에 받아들일 수 없었기 때문에 「계급예술의 문제」는 有島가 제기한 문제와는 아무런 관련이 없이 혁명 이후의 러시아 문학에 대해 해설을 더할 수밖에 없었다는 것이다.

대정11년 5월호의 『改造』에 실린 河上肇의 「개인주의자와 사회주의자」는 대학 기숙사의 茶話会에서 행한 강연이었는데 이 話題는 「선언 하나」를 읽고 생각이 났던 취지가 최초로 서술되어 있다.

여기서는 에고이스트의 예로서 렘브란트를 들고 있고, 非 에고이스트의 대표로서 크로포트킨이 선발되어 있다. 그리고 렘브란트와 같이 철저한 에고이스트가 되지 못하면 위대한 학자도 예술가도 될 수 없다는 것이 河上肇의 견해였다.

> 학자라든가 예술가라는 것은 자신의 학문이나 예술을 나름대로 최고 가치를 인정하고, 일체를 수단이 되고, 희생이 되는 것에 의해 타고난 천분을 다해 얻고, 이것에 의해 비로소 자신의 학문 또는 예술을 충분히 완성시켜 나갈 수가 있다는 것이다. 그런 까닭으로 순수한 학자, 순수한 예술가는 극단적인 에고이스트가 되어야 한다는 것이다. 민중을 위해서라든가, 사회를 위해서라는 생각은 일어나지 않고 오히려 민중을 희생시키고 사회를 희생시키는 것에 의해 자신의 학문, 예술을 높이고 심화시키는 것에만 정진하는 곳의, 극단적인 개인주의자가 되어야 한다는 것이다.

여기서 크로포트킨의 『自叙伝』의 권두에 브란데스가 쓴 서문이 소개되고 있다. 크로포트킨이 뛰어난 지리학자가 되어야 할 재능과 境遇에 혜택 받고 있으면서 과학상의 신발견을 위해 勞作하기보다는 이미 얻어진 지식을 민중에게 보급시키는 것에만 진력한다는 고상한 의무가 있다는 것을 느꼈다.

크로포트킨의 생애에 있어서 이러한 결정적인 転回에 대해서「나의 의견을 말하면 나는 그가 바르다고는 생각하지 않는다」고 브란데스는 쓰고 있다.

    그와 같은 생각을 가지고 있었다면 파스트루는 그가 오늘날과 같은 인류의 은인이 될 수 없었을 것이다. 결국 만사는 오랫동안 민중의 이익이 되어야 한다는 것이다. 사람이 자신의 재능이 미치는 한도에서 가장 충실한 생애를 세계에 제공해서 얻었을 때 그는 만인의 행복을 위해 최선을 다했다고 나는 생각한다. 그것은 어쨌든 이 근본관념이 크로포트킨의 특질이었고, 그것은 그의 精髓를 포함하고 있는 것이다.

새로운 과학상의 발견을 가지고 자신의 지식을 높이고 심화시켜 나가기보다는 이미 얻어진 지식을 민중에 보급시키는 것에만 진력하는 의무에 큰 가치를 인정하였던 크로포트킨의 심적 경향, 그리고「노동자이면서 가난한 사람인 다수 민중의 교사가 되고, 보조자가 되는 것」을 자신의「최고 또는 절대의 의무라고 생각하기에 이르렀던」크로포트킨의 심적 경향―그것을 브란데스는「올바르다고는 생각하지 않는다」고 단정하고 있는 것을 소개하면서「나의 마음은 강하게 그것에 끌렸다」고 河上肇는 말하고 있다.

이와 같이 다름 아닌 크로포트킨조차도 에고이스트로서의 철저함을 요구한 브란데스에게 마음에서 울어나는 공감을 보였던 河上肇는 동시에 다음과 같이 말하고 있었다.

인간으로서 상상할 수 있는 한, 철저한 非 에고이스트라고 생각되는 크로포트킨이 훌륭한 지리학자가 되어야 할 재능과 境遇를 가지고 있었음에도 불구하고 그가 학자가 될 수 없었던 것을 누가 비난할 수 있겠는가. 철저한 에고이스트도 훌륭하지만 철저한 非 에고이스트도 훌륭한 것이다. 나는 렘브란트에게도 머리를 숙이지만 크로포트킨에게도 머리를 숙인다.

어떤 型의 인물도 바르지 않다고 말할 수는 없다고 생각한다. 어느 형의 인간도 모두 유익하다. 그러나 또 돌이켜 생각해 보면 세상에는 時勢의 상이라는 것이 있다. 百代의 계획을 수립해야 할 시대도 있고, 一世의 業에 만족해야 할 시대도 있다. 그렇게 해서 지금의 세상은 현재에 있어서 인류의 물질적 개조가 최대의 急務가 된 시대이다. 나는 경제학을 전공하고 있는 하나의 學究이기 때문에 자연스레 자신의 실력을 과신하는 경향을 벗어날 수 없을 것이라고 각오는 하고 있었는데 그러나 사회개조 문제가「현대생활의 핵심을 형성하는 것이어서 그것이 알파이고 오메가이다」는 느낌을 가지고 있는 자는 경제학자 이외에도 적지 않을 것이라고 생각한다.―그와 같은 시대에 우리들은 자신을 자양하는 것에만 전심할 수밖에 없을까, 또는 가령 조그마한 이미 얻은 지식을 분배하는 것에 힘을 기울여야 할 것인가. 아마 그것은 사람의 기질이 최후의 斷定해야 할 문제일 것이다.

「선언 하나」에 대한 직접적인 비평이 아니라 하더라도 有島가 제기한 문제의 의미가 이것에 의해 측면적이기는 하지만 비추어 내었다고 생각한다. 각각의 기질에 최후의 斷定을 인정하는 것은 문학의 영역으로 옮겨 생각해보더라도 상식적인 것이라 할 수 있고 결코 그것에 머무는 것이 아니었다. 이것은 이윽고 시작되는 프롤레타리아 문학운동이 「선언 하나」의 문제 등에는 一顧도 돌아보지도 않고 진행해갔다. 그것이 지나간 후, 문학작품으로서 오늘날도 읽을 수 있다는 것이 무엇인가를 생각한다면 河上肇의 이런 발언이 문학과 인간에 대한 통찰력에 기인하는 것이라는 것을 알기에 충분할 것이다. 그것은 단순히 작품에 대해서만이 아니다. 여러 가지 형태로 보여지고 있는 전향 문제의 해명에도 적지 않은 시사를 던졌던 것이다.

인텔리겐차의 패배를 스스로 자진하여 선언한「선언 하나」가 발표된 것이 대정11년, 대정15년에는 레닌의『무엇을 해야 할까』를 기초로 한 青野季吉의『自然生長과 目的意識』이 나타난다. 그것들이 자연발생적 반항성을 대신하기에 무엇보다 세계를 변혁시켜 가는 목적의식의 확립이 주장되고 있었고, 이렇게 하여 프롤레타리아 문학운동의 제일보가 찍혀지게 되는 것이다.

有島가「선언 하나」를 발표한 것이 대정11년이었는데 이것이 큰 논의를 불러일으키게 된 것은 그 당시 노동운동·사회운동의 昂揚期에 있었기도 하고, 특히 그 중에서도 지식인의 자세가 문제가 되고 있었다. 이것은 그것에 대한 하나의 예리한 문제제기였기 때문이었을 것이다.

그 요지는「사회문제의, 문제로서의 또는 해결로서의 운동이 소위 학자 또는 사상가의 손을 떠나 노동자의 손으로 옮겨가려 하고 있다」는 것, 사회변혁(혁명)은 역사의 필연이고, 필지이지만 새로운 역사와 사회와 문화의 창조는 제4 계급인 노동자 자신의 내발적인 자각과 힘에 의지해야 할 것이지 다른 잡물에 의해 흐트러져서는 안 된다는 것, 따라서 제3 계급 출신자인 우리들 지식인은 이미 그것에 대해 무엇 하나 기여할 수 없는 것이고, 혹시 만일 무언가를 기여할 수가 있다고 한다면 그것은 분명히 사상의 누각과 같은 것이라 할 수 있다.

이 변혁에의 지식인 참여부정론, 계급이행 부정론에 대하여 広津和郎의「부르주아 문학론」(『時事新報』대정11년 1월 1~3일), 堺利彦의「有島武郎씨의 절망 선언」(『前衛』대정11년 2월), 江口渙의「계급과 문학과의 관계를 논한다」(『新潮』5월), 河上肇의 「개인주의자와 사회주의자」(『改造』5월), 安野茂의 「사상의 혼란기에(下)」(『読売新聞』대정 11년 11월 22일) 등 많은 반론이 쓰여졌던 것이다.

広津는 예술의 초계급적 보편성에 대해 설명하고 있는데 부르주아와 프롤레타리아라는 계급성에 위협을 받고 있는 궁핍한 사고방식이라고 비판하고 있다. 堺는 혁명에 있어서 지식인의 역할과 유효성을 주장하였는데 그 밖을 포함하여 그의 비판은 예술의 초계급성이나, 계급 이행, 지식인의 역할을 깊게 받아들이지 않고 안이하게 생각한 비판이라 할 수 있다. 有島 반생의 고투를 통한 예술에 있어서 계급적인 관점의 중요성, 얼마나 계급 이행이 중요하고 또한 곤란한가를 생각해야 한다는 것들이다.

이것에 대해서 河上肇의 것은 절실한 有島의 모티브를 읽어내고 그러한 위에 예술가로서의 에고이즘을 관철하기 바란다고 하는 것이다. 安野의 것은 제4 계급의 참다운 적은 그들 자신에게 있다는 곳까지 인식을 깊게 하고 있는데 거기에서의 지식인의 역할에 想到하기 바랐다고 논하고 있다. 그와 함께 有島의 심각한 모티브에 접근한 것이라고 평가할 수 있다. 有島의 모티브는 자신과 자신 일의 계급적 관계를 생각해야 한다는 내적인 것과 지식인이 간단하게 계급 이행을 생각하는 천박함에 대한 비판과 양쪽이 있었다. 그러나 논단에서는 후자만이 읽혀졌는데 그는 「片信」「想片」 등에서 후자에 대한 반격을 되풀이하는 중에서 절망적인 곳으로 몰아져 갔던 것이다.

이 논쟁은 불모인 채로 有島의 情死로 끝났게 되었는데 심각한 의의가 문제가 된 것은 전시하의 탄압, 전향, 그리고 패전 이후의 출발에 있어서였다. 이후에 나타나는 平野謙, 本多秋五들의 논문이 그 반영이라 할 수 있다.

有島가 제시한 문학에 있어서 실감성과 사상성, 그 사상성이 혁명적 사고임과 동시에 표현을 포함한 문학과 사상·관념과의 대립·상극이 어떠한 문학적 실현을 가능하게 만드는가 하는 테마는 현재에도 중요한 것이라 할 수 있다.

4 목적의식 논쟁

　이 논쟁은 프롤레타리아 문학을 둘러싼 논쟁의 전부가 취하기에도 부족한 俗論이다. 지금은 어떤 유효성도 상실한 채로 문헌이라는 창고의 한쪽 구석에서 먼지투성이인 채로 보잘 것 없는 물건밖에 지나지 않았을지도 모르지만 그렇다고 하여 그것이 결코 쓸데없다는 것은 아니었다. 그것은 프롤레타리아 문학자나 그 이론가들이 관동대지진이라는 아픔이나 세계적인 규모로 덮쳐 온 대공황에 대한 유동화 현상의 의미를 이해하려 하고, 또는 그것을 이해하려는 노력을 하지 않는 채로 그와 같은 현상을 단지 혁명의 여명이라 할 한 환각에 취해 있었기 때문도 아니었다. 혹은 혁명문학이나 혁명이론이 날이 새자 파시즘 문학에로 바뀔 정도로 경박했기 때문만도 아니었다. 프롤레타리아 문학이론이라는 것은 혁명이라는 강한 마약에 의해 뼈까지 침범 당한 자들이 던진 세상에 미혹 당한 언어라 할 수 있겠지만 그와 같은 집단중독자의 배출을 이끌었던 것은 党에 대한 절대적인 신앙으로부터 생겨난 정치주의일 수밖에 없었다.
　프랑스 유학으로부터 돌아온 小牧近江들에 의해 만들어진 『씨뿌리는 사람』은 제3 인터네셔널(사회주의계 근로자 및 사회주의 단체의 국제적 조직)의 사상에 근거하여 프랑스의 앙리·발뷰스들의 반전, 평화의 크라텔(그리스의 공예로 실루엣의 화상을 그리는 기법) 운동을 모방한 것이다. 그 운동은 일본에서 최초로 민중운동과 지식인을 결부시키는 역할을 담당하였다.

그러나 대정12년의 관동대지진과 그 지진의 아픔과 함께 『씨뿌리는 사람』은 끝나게 된다. 그것을 받아 창간된 것이 동인잡지 『文芸戦線』이다. 『文芸戦線』이 프롤레타리아 문학운동의 선구로서 자리 매김 한 것은 이 동인에 더하여 東京大學 社會文芸硏究會의 학생이었던 林房雄·中野重治·鹿地亘·千田是也들 그리고 『戰鬪文芸』『原始』『文芸市場』『解放』 등의 멤버로 발족한 「일본 프롤레타리아 芸術連盟」(대정15년 11월)의 탄생에 의해서였다고 볼 수 있다. 여기서 『文芸戦線』은 그 기관지로서 다시 태어나게 된다. 그것은 프롤레타리아 문학운동의 질적인 전환을 가져왔다.

즉 『씨뿌리는 사람』이 노동자 문학, 아나키즘 문학, 반자본주의 문학이라는 것까지도 포함하고 있었던 것에 반하여, 이 잡지는 그것들을 떨쳐버리고 혁명을 목적으로 한 프롤레타리아트의 문학으로서 자기 규정한 것이다. 이와 같은 전환을 위한 사상을 제출한 것이 青野季吉인데 「目的意識 論争」이라는 것을 위해 싸움에 뛰어들 수밖에 없었다는 것이다.

대정14년에는 보통선거법이 공포된 반면, 전국 각지에서는 노동쟁의가 빈발했다. 관동대지진 혼란이 계속되는 와중에서 군부에 의한 大杉栄·伊藤野枝들의 학살, 平沢計七들 7인에 의한 노동운동자들의 習志野 기병대에 의한 학살, 堺利彦·荒畑寒村·浅沼稲次郎·稲村順三들 주요한 사회주의 지도자들의 투옥, 그리고 악명 높은 치안 유지법이 공포된 것도 대정14년이었다. 이 권력 탄압의 태풍에 항거하기라도 하는 것처럼 대정15년 코민테른 일본위원회에서는 대정13년에 解党하였던 일본공산당 재건이 결의되었다. 그러는 한편 문학 쪽에서는 프롤레타리아 문학의 금자탑 작품이라 할 수 있는 『売淫婦』『바다에 살아가는 사람들』을 쓴 葉山嘉樹를 비롯한 林房雄・中野重治・亀井勝一郎들이 그 출발을 이룬다.

대정15년의 『文芸戦線』에 실린 青野季吉의 『自然生長과 目的意識』은 소화기 프롤레타리아 문학운동의 방향을 결정지었다는 의미에서 큰 역할을 다했다. 그것은 좋든 나쁘든 青野 자신이 말하는「제2 투쟁기」의 高揚을 기도하는 돌파구가 되었다. 平野謙은 그 후의 프롤레타리아 문학의 동향전체를 射程에 넣어 이 평론에 대하여 『昭和文学史』에서 다음과 같이 쓰고 있다.

> 『自然生長과 目的意識』의 획기적인 의미는 이제까지의 막연한 공동 전선적인 예술 활동의 자세를 마르크스주의를 중심으로 하는 이데올로기적 통일체로 바꾸려고 한 점에 있었다. 『씨뿌리는 사람』도 초기 『文芸戦線』도 모두 각 개인이 抱懷하는 이데올로기일 수밖에 없는 공동 전선체로서 성립되어 있었다. 그러나 노동운동 전체의 소위 아나 폴 논쟁, 조합내부에 있어서 우파와 좌파의 대립이라는 機運은 또한 문학운동 내부에도 반영되어 있었던 것이다. (중략) 후에 青野季吉 자신이 재론하고 있는 바와 같이, 그것은 마르크스주의에 의한 프롤레타리아・이데올로기의 철저화를 문학운동 전체에로 추구할 수밖에 없던 것이다. 그러나 당시 문학운동 내부에는 아나키스트도 샌디칼리스트도 니힐리스트도 즉 반자본주의적, 반군국주의적인 사람들이 함께 동거하고 있었기 때문에 거기에는 마르크스주의적인 이데올로기의 철저함을 추구한다는 것은 결과적으로는 운동전체를 마르크스주의의 방향으로 재편성하는 것을 요구하는 것과 같은 것이었다.

이러한 평가는 『自然生長과 目的意識』이라는 青野의 평론이 프롤레타리아 문학운동의 전환에 다한 역할을 잘 시사하고 있다고 할 수 있다.

『씨뿌리는 사람』의 이데올로그 平林初之輔가 젊었을 때 병역 면제를 바래서 京都의 사범학교에 들어가게 되었고 다시 4년째에 와세다 대학 영문과로 옮긴다. 이러한 이유로 그는 골수의 자유주의자라 할 수 있는데 소화4년의 『정치적 가치와 문학적 가치』 논쟁에서는 예술의 정치에의 종속을 자명한 이치로 보고 있는 마르크스주의 예술론을 예리하게 비판하였다. 그리고 그는 그것에 패하여 프롤레타리아 문학운동으로부터 떠나 있었던 인물이다. 그것에 비해 靑野는 정치적 전선을 살아온 인간이라 할 수 있는데 대정13년에는 德田球一들과 함께 당 재건을 위한 일본 뷰로(관청 등의 국·부·과)의 일원으로서 상해에 건너가 코민테른 대표와 접촉하였다는 경력을 가지고 있다. 그의 『自然生長과 目的意識』이 레닌의 『무엇을 해야 할 것인가』를 밑바탕으로 하여 쓰여진 것이라는 것과 함께 그가 이 시기의 주요한 문학적 이데올로기로서 등장한 것은 상징적이라 볼 수 있다.

『自然生長과 目的意識』은 원고용지로 하여 10매에도 미치지 않는 小論인데 그 내용에 대해서는 「프롤레타리아의 생활을 그리고 있고 또한 프롤레타리아가 표현을 추구하는 그것만으로는 개인적인 만족이기 때문에 프롤레타리아 계급의 투쟁적 목적을 자각한 완전한 계급적 이행이라 볼 수 있다. 프롤레타리아 계급의 투쟁 목적을 자각했을 때 비로소 그것은 계급을 위한 예술이 될 수 있는 것이다」는 것에 집약된다. 이러한 것이 그의 이 단순한 문제제시에 대해서 그렇게 쉽게 프롤레타리아 문학자들이 추종해 버렸던 사실도 이상하지 않게 느껴지지 않는다는 것이다. 문학에 있어서 자연 생장적인 발달을 지양하여 목적 의식성을 획득한다는 프로그램을 맞추어나가는 것이라면 「프로 芸」나 『文芸

戰線』동인의 누군가가 자연주의 문학을 정당하게 비판한 論과 시점을 제출하는 質을 획득하는 것이 먼저 전제가 되어야 할 것이다. 그와 같은 시점을 가질 수 있다면 長塚節의 『土』부근의 분석으로부터 시작해야 할 것이고, 葉山嘉樹의 『淫売婦』가 최하층 노동자들이 목적의식을 획득해가는 자각의 문학이니까 뛰어나다는 것이 아니라 신감각파적인 방법을 이 소설이 체득하고 있기 때문에 뛰어나다는 것을 알아차렸을 것이다.

그러나 그들은 자연생장과 목적의식 사이에 있는 무한히 깊은 괴리의 폭을 捨象하였기도 했다. 그것은 「정치와 문학」「대중과 지식인」「혁명과 문학」과 바꾸어도 똑같은 것이다. 그와 같은 훌륭한 합리화를 지탱해 주는 것은 다음과 같은 논리를 필연으로 해야 하고, 그리고 전향도 준비했다고 볼 수 있다.

「자연생장은 어디까지나 자연생장이어서 그것이 목적의식에까지 질적 변화를 이루기 위해서 자연생장을 이끌고 끌어올리는 힘이 있어야 한다. 그것이 운동이다. 이 경우 그 운동은 프롤레타리아 문학운동인 것이다」. 이와 같이 썼을 때 그 후의 프롤레타리아 문학운동의 방향성은 결정되었다고 할 수 있다. 이 「외적으로 끌어올리는 힘」의 전제가 되고 있는 것은 마르크스주의 이론의 절대화이고, 신성화된 党일 수밖에 없었다. 그리고 프롤레타리아 문학운동을 「자연생장을 끌어올리는 힘」이라고 치우치는 것은 예술보다도 정치를 우위에 둔 사회주의 리얼리즘의 규범에 대해 일원적으로 왜곡하고 있는 것을 의미하는 것이다.

이 青野의 論을 이어받아 谷一는 『일본 프롤레타리아 문학운동의 발전』『무산자 문예의 질적 전환』에서 「이렇게 하여 현대 문예운동이 교화운동이 된 것은 운동의 정세에 비추어 당연한 것이고 또한 정당한 것이다」.「우리들은 양씨와 함께 현대의 무산자 문예가 바로 정치적 폭로를 하여야만 한다는 것을 결론적으로 인정하는 것이다」는 정치주의를 순화시켜 간다. 이 후에 「전위의 임무는 결코 교화운동에 있는 것이 아니라 그것은 결정적 행위에의 조직운동이어야 한다」(「소위 사회주의 문예를 극복하라」)는 鹿地亘와『계속 結晶하고 있는 소시민성』을 쓴 中野重治가 그 논쟁으로 이어진다.

이들 젊은 福本주의를 내걸었던 좌익 급진파는 青野가 뚫었던 구멍으로부터 정치주의적인 현실운동에로 일거에 수로를 열어갔던 것인데, 그리고 그것은 三派에로, 七派 八派에로 분열해 간 것이다. 그러한 사태는 『自然生長과 目的意識』이 쓰여지고 나서 불과 1년 반 후에 일어난 일이다.

鹿地・中野의 논문은 林房雄가 文芸戦線 「社説」에서 쓴 『사회주의 문예운동』을 비판한 것이라 볼 수 있다. 이 분열을 결과로 해서 일어나는 대립은 합법적 마르크스주의 이론 위에 선 山川均와 인텔리・레지켈리즘(=극좌주의)의 입장에 선 福本和夫와의 차이에 의해 생겨났다. 그러나 그것은 현실적인 혁명운동의 유효성을 전제로 하여 그 주장이 정치적 부분이 많은 것인지, 예술적 부분이 많은지 하는 정도의 차이밖에 나지 않는다. 멀리 보면 무엇을 위한 논쟁이고 분열인지를 알기 어려웠던 것도 이와 같은 관념적인 밀실에서 행해졌기 때문이다. 당시 권력으로부터 탄압의 혹독함과 비합법을 강요당한 운동의 결과로부터 생각났다 보다라도 단락적인 「자연생장」으로부터 「목적의식」의 획득이라는 전략적 결합에 의해 사실은 버려진 부분을 가지고 프롤레타리아 문학운동은 진행되어졌다고 생각되는 것이다.

「목적의식 논쟁」이라는 것은 마르크스주의 사상을 중핵으로 하여 현실적인 혁명의 가능성을 射程化하기 시작한 논쟁을 말한다. 그것은 개인을 주체로 한 공동전선으로부터 집단=사상에의 질적인 전환을 이루는 것에 의해 비로소 천황제 비판이라는 문제의식을 좌익 측이 획득했다는 것을 의미한다. 그리고 그것은 소화 초기의 문단이나 사회에 큰 영향력을 던졌다. 그러나 그 반면에 프롤레타리아 문학운동이 마르크스주의라는 절대적인 사상에 집착해 버린 결과, 문학이 정치에 예속됨으로 해서 작가 개성이 떨어지고 그러한 곳으로부터 뛰어난 작품을 생산하는 일은 전무하였다.

「목적의식 논쟁」과 때를 같이 하여 일어난 신감각파의 조류가 문단에 翻弄되어 처리되어 가던 과정을 볼 때, 표면적으로는 맥락 없이 보이고 있는 이 두 개의 조류가 깊은 곳에서는 같은 모순과 불행을 겪고 있는 것 같은 기분이 든다.

프롤레타리아 문학운동의 불행이라는 것은 정치운동지상주의로부터 생겨난 예술의 복종이라 할 수 있는데 그것은 마르크스주의 사상을 획일적으로 규범화한 것이라 볼 수 있다. 예술운동 속에 정치와 예술의 필연적인 관계를 위치 짓지 못한 채로 현실적인 유효성만을 집약하고 거기에 가치를 두어버렸다는 것에 있었다고 요약한다면 「목적의식 논쟁」 특히 青野季吉의 문제 제시는 이와 같은 모순에 대한 돌파구를 열었다고 할 수 있다. 그것은 후에 전시 파시즘 속에서 프롤레타리아 문학자도 신감각파의 작가들도 同室에서 같은 역할을 연출하게 되는 것을 보면 알 수 있다. (間野晴久「目的意識 論争」참조)

5 내용적 가치 논쟁

菊池寬과 里見弴 사이에는 일찍이 대정9년에도 논쟁이 벌어지고 있었다. 菊池寬의 作家 凡庸論을 둘러싼 것이 그것이었다.

『文章世界』대정9년 3월호에 菊池寬은 『예술과 天分』이라는 감상을 쓰게 되는데 그것은 예술에 관여하기 위해서는 특별한 천분이 필요한 것처럼 말하고들 있는데 이러한 생각은 잘못되었다는 것을 주장하였다. 기교만이 편중된 시대에는 특수한 文才가 필요했을지 모른다. 지금은 「솔직히 평범한 사람이 평범하게 보고, 평범하게 생활한 기록」이었다 해도 과언이 아니다. 평범한 일반 독자들의 마음을 움직이게 하는 것은 자신과 똑같이 평범한 인간 생활의 모습이 아니겠는가. 따라서 「인생을 바르게 보고, 그것을 바르게 표현할 정도의 기능은 보통의 인간에게는 조금만 노력하면 되는 것이다」는 것이 그의 요지였다. 문예의 일이 특별히 선택된 사람만이 할 수 있다는 것은 잘못된 견해이고 그것은 타파되어야 한다는 발언이었다.

里見弴은 『讀売新聞』의 3월 8, 9일 紙上에서 이상의 작가 범용주의를 반박하였다. 그것에 의하면 같은 것이 14, 5년 전에 国木田独步,

田山花袋들에 의해 주창된 것을 菊池가 알고 있었을 것이다. 그리고 주문대로의 「평범인이 평범하게 보고, 평범하게 생활한 기록」이 자연주의 전성기에 너무나도 자주 거론되던 것을 잊어서는 안 된다. 더구나 「평범하게 보고, 평범하게 생활한 기록」이 어느 사이엔가 「바르게 보고 바르게 표현한다」로 되어 있었는데, 이것은 인생을 바르게 보고, 바르게 표현하는 것이 평범인이 할 수 있는 문제가 아니라는 것이다. 다음 달의 『新潮』에서 『문단은 時勢에 뒤떨어진 것인가』라고 제목을 붙여 菊池는 거기에 自説을 다시 되풀이하였다.

이 논쟁은 어느 쪽도 상식론의 영역을 벗어나지 못하고 있었는데 단지 주장자, 반대자 어느 쪽도 그 사람다운 言説로서의 흥미만이 부각되었다고 해도 과언이 아니었던 것이다. 물론 『무명작가의 일기』를 발표하고 있던 작가가 나름대로의 문단적 지위에도 자신감이 생겨서 芥川龍之介나 佐藤春夫나 里見弴 등 才華를 자랑하는 동시대의 작가들에 대한 자기 나름의 주장이었던 것은 말할 나위도 없다. 즉 菊池 자신의 작가적 소질에 대한 자신감에 근거한 것이라 할 수 있는데 그것은 동시에 제1차 세계대전 이후의 일본에 이식되었던 데모크라시의 사조, 그것에 조응한 민중예술론 등과도 연결되는 것이라고 봐야 할 것이다.

이상의 논쟁과 관련하는 것으로서 새로운 형태로 나타난 것이 문예작품의 내용적 가치에 대한 논쟁이었다.

菊池寛의 『문예작품의 내용적 가치』가 발표된 것은 대정11년 7월호의 『新潮』였다.

어떤 작품을 읽고 뛰어나다고 생각하면서도 마음에 와 닿지 않는다. 芥川龍之介의 『蜜柑』은 그 제재를 작자로부터 들었을 때 이미 어떤 감동을 받았다. 自作 『恩讐의 저쪽에』라는 소설, 그 줄거리는 耶馬渓 안내기에 나와 있는데 안내기에서 읽은 것만으로도 어떤 감동을 받았음에 틀림없다. 그렇다고 한다면 문예작품의 제재 속에는 「작가가 그 예술적 표현에 관한 마술의 지팡이를 만지지 않는 이후로는 찬연하게 빛나는 인생의 보석이 많이 있다」는 것이다. 그렇다면 그곳에 다음과 같은 판단이 나오게 된다.

당대의 독자 계급이 작품에 추구하는 것은 실로 생활적 가치이다. 도덕적 가치이다. 倉田白三씨의 작품, 賀川豊彦씨의 작품 등이 발표되는 것을 보면 그것을 어중간하게 생각한 탓일 것이다. 그러나 그것을 邪道로 생각하고 예술지상주의를 너무 안이하게 생각해도 좋을 것인가. 모든 다른 것에 환상을 보고 있지 않는 어른들도 예술에 대하여 초심의 신비설을 주창하고 있는 것이 대단히 많다. 예술만이 진정 그것만으로 인생에 비해서 그 정도로 중요한 일일까. 예술적 감명, 그것만으로 사람들은 크게 만족할 수 있을까.
나는 예술은 좀더 실인생과 밀접하게 교섭해야 한다고 생각한다. 회화, 조각 등은 純芸術이기 때문에 교섭의 방식도 한정된다.(그 만큼 인생에 대한 가치가 적다고 생각한다) 다행히 문예는 제재를 인생을 직접적으로 취급할 수 있기 때문에 어떻게 하든 인생과 교섭할 수가 있다고 생각한다. 그것이 화가 등과 비교하여 문예하는 사람만의 특권인 것이다.

이렇게 그는 문예작품에 예술적 가치 외에 내용적 가치 또는 생활적 가치를 인정하려고 할 뿐만 아니라, 어떤 작품이 인생에 대해서 중대한 가치가 있는지 어떤지는 오직 그 내용적 가치, 생활 가치에 의해서만 결정된다는 것이다. 그곳으로부터 결론이 나온다는 것이다.

내가 생각하는 이상적인 작품은 내용적 가치와 예술적 가치를 함께 한 작품이다. 말을 바꾸어 하면 우리들의 예술적 평가에 及第함과 동시에 우리들의 내용적 가치에 及第하는 작품이다.
입센의 근대극, 톨스토이의 작품이 一代의 인심을 움직인 이유의 하나는 그 속에 있는 사상의 힘이다. 그 예술에 미치는 힘만이 아니다. 오로지 예술에만 내재해서 인생에 호소하지 않는 작가는 상아탑에 숨어서 은피리를 불고 있는 것과 같은 것이다. 그것은 19세기 무렵의 예술가의 풍속이라 할 수 있는데 아직도 그런 포즈를 취하고 있는 사람이 많다.
　문예는 経国의 大事, 나는 그런 식으로 생각하고 싶다. 생활 제1, 예술 제2.

　里見弴은 다음 달의 『改造』에서 곧 이것에 대해 반박했다. 특히 菊池는 위의 論 중에서 「나는 예술을 설명하면서 혼이 어떻다는 등 마음이 어떻다는 등 말하는 신비설은 싫어한다」고 말하든가, 倉田白三나 賀川豊彦의 작품을 邪道로 보면서 「예술지상주의를 멋대로 휘둘러 안이하게 평가해도 좋은 것인지」 라든가, 이러한 것은 분명히 당시 『改造』에 연재 중이었던 『文芸管見』에 보이고 있었다. 그것은 예술지상주의에 대한 반발을 보인 것이라 할 수 있는데 내용적 가치 그 자체가 里見 설에 대한 정면으로의 반론이었기 때문에 里見가 가만히 있을 리가 없었다.

　菊池의 論은 말하자면 소재주의라고도 해야 할 것이었고 里見에 의하면 「예술이라는 말을 멋대로 가볍게 취급한 것이고, 반 예술지상주의를 표방하고 문학청년이나 세상 사람들이 받아들이기 좋은 説만을 말하고 있다」는 것에 지나지 않았다. 따라서 「예술적이라는 말을 「잘 그릴 수 있다」는 것과 같은 의미로 사용하고 있는데 회화, 조각이 순 예술이라는 이유로 인생과는 몰 교섭인 관계였던 것이고 입센, 톨스토이를 내용적 가치에 있어서만이 인정하려 한 것은 거의 나에게는 이미 고인이 되신 부친이라도 이러한 예술론과 싸울 기분이 들었을 것이다」는 것이었다.

　里見에 의하면 예술을 표현과 내용으로 나누어 생각할 수 있는 듯한 이원적 고찰이라는 것은 겸허한 마음으로 예술에 침체된 적이 없다는 것을 노골적으로 말하는 것으로, 예술의 진수는 「一에 그것이 一元으로 되돌린다」는 것에 있다는 것이다. 倉田百三나 賀川豊彦의 작품이 발표되는 것에 부러운 말투를 흘리는 것 등은 함께 예술과 관계하고 있는 것에 자신의 체면을 훼손하는 것으로 생각하여 다음과 같이 결론내리고 있다.

> 씨가 설명하는 내용이라면 평가보다 그 밖으로 향하게 하는 심경이 일어나지 않는다면 그 불행은 치명적이다. 예술이 평가받기 위해 이 세상에 나타난 것인지 어떤지 나는 그것에 대해 자신이 생각하는 것을 설명하려는 용기조차 생기지 않는다.

이것은 도덕과도 실인생과도 전혀 관련이 없는 음악은 어떠한 것일까 하고 반문하고 있는데, 말하자면 예술과 사람과의 교섭은 어디까지나 평가가 아니고 감명이라고 맺고 있다.

菊池는 9월호의 『新潮』에서 이것에 대해 반박했다. 『再論「문예작품의 내용적 가치」』라는 것이 이것이다.

> 예술의 진수가 一元으로 돌리면 내용적 표현이 되는 것이고 내용이 표현되는 한에 있어서 예술품의 내용인 것이다. 표현이라는 것은 내용의 형식적 존재화이고 따라서 하나의 내용에 대해서는 두 개의 형식이 있을 수 없고 하나의 형식에 대해서는 두 개의 내용이 없이 어떤 내용은 필연적으로 그것의 단 하나의 필연적인 형식을 자발적으로 조성한다. 그렇게 말하는 내용 즉 표현론은 근세미학의 상식인 것이다. 里見군 등에 새삼스레 가르쳐 받은 것은 아니다.

이렇게 말한 말투도 포함되어 있는데 다음과 같은 곳에는 菊池다운 솔직한 진정의 토로가 보여 흥미가 있다.

> 예술은 표현이다. 그 이외의 아무것도 아니다. 그것과 동시에 나는 어떤 예술에서도 예술만으로는 만족하지 않는 것이다. 얼핏보면 패러독스처럼 보여지기도 하는데 이러한 견해가 예술에 대한 가장 철저한 견해일 것이라고 자부하고 있

는 것이다.

　예술만으로는 만족하지 못한다. 그것은 어쩌면 예술의 外道이다. 里見군이 그것을 알아차려서(나의 예술관을 이해하면서도) 수치라고 말하고 있는 것은 요행수의 至言이다. 나는 예술만으로 만족하고 있는 사람을 부럽게 생각하는 것이다. 里見군과 같은 사람을 부럽게 생각하고 있다.

여기서 평가에 대해 언급하면서 人心에 던지는 감명 속에서도 가장 최고급인 것은 일의 보람이 없다고 생각하지 않기 때문에 소설을 쓰고 있는 것이다. 그러나 요즈음은 예술적 감명만으로는 점점 만족하지 못하게 된 예술 자체에 불만을 느끼기 시작했다고 말하고 있다.

　이렇게 되면 단순히 菊池寬의 상식주의라든가, 속물적 견해라든가 하는 것으로 정리되어질 것이 아니다. 시대의 움직임이 가져온 내적인 불안의 표출일 수밖에 없다. 문학자의 과도기 시대에 있어서 내적 동요를 솔직하게 토로한 것이라고 봐야 할 것이다. 그것이 菊池寬 본래의 솔직함에 입각하여 말하여진 것은 말할 나위도 없다.

6 산문예술 논쟁

散文芸術 論争은 엄밀히는 산문예술을 둘러싼 広津和郎・佐藤春夫 対 生田長江의 논쟁을 일컫는다. 그러나 이 논쟁이 이윽고 広津의 散文芸術論으로 집약되는 성과가 有島武郎가 계급문제에 지식인적 양심에 따라 발표한「선언 하나」에 대한 비판이 계기가 되어 시작되었다가 有島의 사후 里見弴・菊池寛의「내용적 가치」논쟁이 有島가 던진 의미였던「소설 성격에 대한 실작자의 자기반성」(平野謙『日本文学論争史』上, 해설)을 우회하여 전개되었다. 이러한 사태에 대한 비판을 제2의 계기로 하여 결실을 본 경과를 생각해 보면 논쟁의 쟁점을 끌어내는 문제의 근원은 널리 시대의 문학상황의 저변과 관련되어 있다고 할 수 있다. 그러한 상황 위에 有島―広津, 広津―生田의 논쟁을 총괄하여「散文芸術 論争」이라고 한 이유도 이해가 된다. 이러한 식으로 두 개의 논쟁을 広津의 散文芸術論 성립을 중심으로 전개해 보는 편의상, 그 발단을 전후로 나누어 생각해 보고자 한다.

자연주의를 수정하여 얻어진 인생인식과 표현 형태가 고정화되고 白樺派 이후의 이상주의의「理想」이 신세대에게 의문을 던지기 시작한 대정10년의 시점에서 有島武郎는 志賀直哉의 감성에 의거하는 것에도 武者小路実篤의 관념에 의거하는 것에도 동조할 수 없었던 절박한 심리상태에 있어서「理想」의 한계를 파고들었던 현실상의 여러 문제를 중심으로「階級」을 보고 그것에 의해「선언 하나」(『改造』대정11년 1월)를 썼다.

먼저 발단의 하나는「선언 하나」의 主旨가 예술은 계급적 현실의 영향을 벗어날 수 없다. 내 자신이「제4 계급」이외의 출신인 이상, 자신의 생활과 문예를「제4 계급」의 그것에 동화시키는 것은 불가능하다. 자신은 제4 계급 이외의 者로서 살아왔고 표현하려고 해왔다. 이상과 같이 개괄할 수 있다. 有島로서는 자기 자신을 납득시킬 요량이었다고 보는데 그러나 제4 계급에의 동화가 불가능한 이상, 문학자로서의 자기 정립을 제4 계급과의 절연에 두고 시작해야겠다는 그 현실적인 문제에 대한 성실한 반응이라는 것이다. 그런데 그 성실이라는 것 때문에 예술에 대한 궁핍하고 따분한 사고방식이라는 식으로 많은 비판을 받았던 것이다.

「선언 하나」를 둘러싼 많은 비판 속에서 문학비판으로서 탁월한 위치를 차지하고 있었던 것이 広津和郎의「有島武郎씨의 궁핍한 사고방식」(『時事新報』대정11년 1~2월)이었다. 広津는 왜 有島의 선언이「궁핍한 사고방식」일 수밖에 없었는가 하는 근거를 有島 개인의「부르주아와 프롤레타리아라는 말에 너무 놀라고 있다는 점」이라고 보고 있다. 문학은「부르주아에도 프롤레타리아에도 전속해야 할 사항이 아니다」는 관점으로부터 비판하는 한편, 그런 문학 초월적인 사고방식을「인간 사고방식」의 자유스러움이나「전연 다른 생활을 그린 문학을 읽고 느낄 수 있는 능력」의 보편성으로 정당화한 것이다. 有島를「궁핍한 사고방식」으로 몰아넣었던 당시의 계급문제를「선언 하나」의 주제의 무게, 바꿔 말하면 広津 고뇌의 무게에로 연결될 정도로 깊게 파고 들지 못했다.

有島는「広津씨에게 응답하다」(『朝日新聞』大正11년 1월 18～21일)에서「예술에 초계급적 요소, 초시대적 요소가 있다」는 것을 인정하고 있는데 그것은 広津의 비판을 받아들인 위에 계급의식이 강하게 문예상에 영향을 끼치는 사실을 강조하고 있다.「그것을 실제 이상으로 의식한 것이 문예와 관련하고 있는 이상, 어떠한 계급에 자신이 실제 속하고 있는가를 엄밀하게 고찰할 수 있는 터다」고 우선「선언 하나」발표에 주의를 재확인한다. 게다가 이와 같이 계급문제가 문예에 미치는 심리적 구속감을 인정하였기 때문에 広津가 말하는 것과 같은 예술을 초월하는 차원에서의 동경을 생각하는 것이라고 有島는 다음과 같이 고백하였다.

즉 有島는「스스로 예술가라 칭하는 것」을 세 개로 나누고 있는데 제1의 종류는 예를 들면 泉鏡花와 같이「그 사람의 생활전부가 순수한 예술경에 몰입하여」「자기만의 독특한 예술적 감흥을 표현하는 일에 전 정력을 傾倒하는 사람」이고, 제2의 종류는「예술과 자신의 현재 실생활 사이에 생각을 방해받지 않는 사람」으로「자신 실생활과 주위의 실생활 사이에 어떤 합리적인 관계를 만들지 않으면 그 예술조차 살릴 수 없다고 느끼는 종류의 사람」이고, 제3의 종류는「자신의 예술을 실생활의 편의로만 이용하려는 사람」이라고 규정하고 있다.

그런데 有島는「자기 자신은 제2의 종류에 속하는 예술가」여서「그 생활과 예술 사이에 바른 관계로 가져가고 싶다고 고려하는, 이러한 것이 나의 마음의 실상이다」고 서술하고 있다. 그 뒤「예술가라는 입장에서 말한다면 제1 종류의 사람은 가장 존귀하고 순수한 예술가라 할 수 있고, 제2 종류의 사람은 예술가로서는 아마추어 예술가로 자임하는 자」라고 입장을 정리하는 것에 의해 예술가의 가치를 부여하면서 자신은 제2 종류의 예술가이기 때문에 제1의 예술가를 존경하는 것이라고 맺고 있다.

이 스스로를 「제2 종류의 예술가」라고 규정한 有島의 「그 생활과 예술 사이에 바른 관계에 대해 추구하고 싶다고 고려하고 있는」 사태의 의미를 明察했을 때, 広津는 「제2 종류의 예술가가 제1 종류의 예술가보다 뒤떨어진다」고 하는 사고방식을 역으로 부정하고, 제1과 제2의 가치관계를 転倒해야 할 산문예술론을 생각해 내었던 것이다.

어쨌든 有島의 계급 중시를 가지고 문예의 초계급성을 논박한 이런 단계부터 広津가 2년 후에 「인생의 함께 하는」 요소를 골자로 하여 본격적인 산문예술론을 엮어가기에 이르렀던 경과가 有島의 계급, 사회와 관련하는 깊은 자기반성을 매개로 해서만 가능하였던 것은 사실이다. 더구나 広津 자신 有島가 그것에 의해 스스로가 규정하였던 「제2 종류의 예술가」에 속하고 있는 것을 자인하고 있었던 터이다.

또한 바깥에서부터 広津에게 압박하여 산문예술론의 준비를 재촉하였던 그간의 사정은 다음과 같은 것이 있었다. 관동대지진 이후의 세상 혼란과 가치 변동의 예조가 있었다는 것이고 게다가 유럽 신문학의 도래나 「문예전선」 「문예시대」의 잇따른 발간도 広津뿐만 아니라 대정기 지식인의 일반적인 세기말적 고뇌와 20세기 세계에의 기대에 부응하지 못하는 심리적 거점을 분명히 하고 있었다.

다음 그 발단은 広津의 대정13년 9월 『新潮』에 발표한 산문예술의 위치가 산문예술논쟁의 정점이었던 것은 말할 나위도 없다. 그 고도의 산문예술에 관한 이해에 대하여 生田長江의 논박은 그 補説의 의미를 가진 것에 지나지 않았다. 이 論 속에서 里見弴과 菊池寬의 「내용적 가치」 논쟁에 대해서 広津는 「里見군의 내용 즉 표현론은 즉 예술의 표현상의 문제이어서 菊池군의 내용 존중론은 즉 예술의 종류, 말하자면 산문예술의 성질의 규명에 있었던 것 같다. 이 두 개로 나누어서 논해야 할 문제를 혼동하여 논한 것에 표현 즉 내용이라는 것이 예술표현의 定理임과 동시에 산문예술이 인생적 내용을 포함해서 시작되어야 비로소 성립할 수 있는 것이라는 것도 역시 예술의 종류별상의 원칙이라는 것이다」고 서술하고 있다.

우선 당면의 문학논쟁이 지향하고 있는 문제를 산문예술의 인생적 내용의 문제로 해서 자신이 입각하고 있는 산문예술론의 위치로까지 끌어올린다. 인생적 내용이 산문예술의 성격을 결정짓는 최대의 요소라고 확신하고 있는 広津의 눈에는 里見의「표현」—「예술」존중은 有島가 泉鏡花에게 그 전형을 보았던「제1 종류의 예술가」타입의 예술 지상주의적 편향이라 할 수 있고, 菊池의「내용」—「인생」존중도 또한 有島의「제2 종류의 예술가」타입으로 자기반성을 초월하는 논의라고는 볼 수 없었다.「예술」과「인생」의 조화 통일이라는 有島가 목숨을 걸고 제시하였던 중요한 문제를「예술」과「인생」으로 형식론적으로 분할하는 양자에 산문예술의 본질을 본 것은 아니었다. 広津는 그렇게 판단했음에 틀림없다.

「한마디로 말하면 많은 예술의 종류 중에서 산문예술은 곧 인생과 함께 하는 것이다. 오른쪽 옆에는 시, 미술, 음악이라는 것과 같이 여러 가지의 예술과 나란히 함께 하고 있고, 왼쪽 옆은 곧 인생인 것이다. —그리고 인생과 함께 한다는 것에는 대해 인식이 부족한 미학자 등에 말하게 하면 그런 연유로 해서 산문예술로서는 가장 불순한 것처럼 해석한다. 그러나 인생과 함께 한다는 것에 사실은 산문예술의 가장 순수한 특색이 있는 것이어서 그것은 불순한 것도 아무것도 아닌 그러한 종류의 것이다. 그 이외의 것이 아니라는 순수함을 가지고 있는 것이다」

고 단정을 짓고 있다. 표현내용으로서의 「인생」의 복잡함과 「인생」을 응시하는 작가의 시각의 높이를 「불순」―「순수」의 관계로 포착하고 있고 또한 그러한 산문예술가에게 있어서 현실―인식―표현의 주체적 기능과 그 기능이 발휘된 것으로서의 「산문예술」을 유기적으로 통합한 広津의 논리는 그 설명을 들어보면 아무것도 아닐 수 있지만 일본 근대문학사에 있어서 이 단계의 소설정의로서는 발군이라 할 수 있다. 그리고 広津가 말하는 이 산문예술의 「인생과 함께 하는」 요소가 有島의 「인생과 함께 한」 생애의 이미지와 겹치는 것은 말할 나위도 없다.

그 만큼 「씨는 소위 제 일단의 예술가들이 가장 순수하게 존경해야 할 예술가로서 제 이단의 예술가들이 존경하는 그것보다 낮은 편이라고 해석하고 있다. 그것은 씨 자신이 그 제 이단의 예술가에 속하고 있다는 사실에 대해 스스로를 비하하고 있는 것이 자신에게는 올바른 것이다」고 広津는 말할 수밖에 없었기도 한 것이다. 또한 「씨의 説과 같이 제 일단의 예술가들이 제 이단의 예술가가 될 수 없다는 것을 슬퍼한다면 톨스토이, 도스토옙프스키, 스트린드베르히 등이 泉鏡花씨와 같이 될 수 없다는 것을 슬퍼해야 하는 일과 같은 것이 될 것이다」고 말하는 식으로 有島의 고정화되고 편향된 예술론에 향한 논리의 칼날을 다음과 같이 有島의 인생 상의 탈출구로 향하게 된 것이다. 「근대 산문예술이라는 것이 자기생활과 그 주변에 완전히 무관심인 채로 살아갈 수 없는 것으로부터 생겨난 것이고, 그런 까닭으로 우리들에게 호소할 가치가 있는 것이다. 바꿔 말하면 武郎씨의 소위 제2 예술가의 손에 의해서만이 비로소 근대 산문예술은 다시 태어날 수 있는 것이다」고 설명하는 것이다.

이상과 같은 근대사회사・근대사상사에의 전망을 한쪽에 두었던 広津의 근대 산문예술의 검토는 그 論証을 산문예술 본질의 해명에 집중하였기 때문인지 대단히 설득력이 있었다. 단「인생과 함께 하는」산문예술 고유의 순수함 때문에「우리들에게 호소력이 충분한 가치」가 그대로 예술적 가치가 될지 어떨지의 논증은 아직 불충분하다 할 수 있다. 이러한 점이 生田長江의 비판인「인식이 부족한 미학자 두 사람」이라는 말을 유발하게 만드는 계기를 만들었다. 그러나 生田의 비판 그 자체는 산문예술 검토에 만족하지 못하는 예술론 일반적인 성격의, 상식적인 補足의 영역을 벗어나지 못했다고 할 수 있다.

이 논쟁의 전개과정은 먼저 佐藤春夫의「산문정신의 발생」(『新潮』대정13년 11월)은 広津가 주장하는 所論에서의 主旨에 대한 확실한 진실, 達見을 보아야겠다는 것에 찬동하는 입장에서 근대예술 영역에 있어서 산문예술론을 보다 널리 그것을 근대주의로서의 산문정신론에까지 넓혀 소위 시적 정신과의 대비에다 두고 그 발생・성격・의의 등에 論及하여 広津의 論을 補足하였던 것이다.

「산문정신은 바꿔 말하면 모든 근대주의의 정신이라고도 말할 수 있다. 즉 주관에 입각한 통일이나 조화로부터 해방하여 주관이 문예의 천지를 지배하는 대신에, 관찰이 혼동된 실생활을 혼동인 채로 인정한 것이 말하자면 자연주의 정신인 것이고, 따라서 자연주의의 발흥은 이윽고 산문정신의 전성기를 만들어 주었다. 근대주의 시라는 것은 좋은 의미에서든 나쁜 의미에서든 사실은 산문적인 시에 불과했던 것이 아니겠는가」하고 단정짓는 一点은 대정기에 있어서 정당한 자연주의 평가로서의 의의를 가지고 있다고 볼 수 있다.「더구나 실감적인 부분을 더 중시하지도 않고, 인습 쪽을 더 중요시하고 싶어하였기 때문에 완전한 조화를 얻어 그 조화에 의해 세계를 보는 시인적인 작가를 존중한다는 것은 알고 있어도 혼동을 혼동인 채로 내맡기고 게다가 태연히 가만히 있는 산문정신의 예술가―즉 근대주의 예술가를 그는 충분히 인정할 수 없었는지 모른다」고 논하는 一点은 대정 말기 문단에 있어서 이상주의적 조화를 산문정신의 원칙에 서서 파고들었다. 그것이 어느 쪽도 타당하다는 지적에「인생과 함께 하는」것에 치우쳤던 広津 산문정신의 정통성을 유효하게 傍証하고 있는 것은 확실하다.

 広津의 論에 대해서는 물론이고 佐藤의 論에 대해서도 生田가「시 중심이었던 옛날에도 산문에는 산문정신이 있었던 것과 같이 산문 중심이 된 지금도 시에는 시의 정신이 있을 것이다. 따라서 오래된 美로부터 새로운 美에의 추이를 시적 정신으로부터 산문정신에로 보는 것은 타당하지 못하다」고 말한 程度의 고전적 문학으로 대항하는 한, 佐藤나 佐藤 발언에 대한 문제 제기적인 의의를 잃어버리는 것은 必至일 것이다. 적어도 오래 전에 生田가 白樺派의 융성을「自然主義 前派의 跳梁」으로 논한 문단에의 문제를 제기할 힘은 이미 이 論에는 보이지 않았다.

 이러한 고전적인 소설 미학에 입각한「인식이 부족한 미학자 두 사람」의 한 사람인 生田는「음악, 미술, 시, 산문들 속의 어느 쪽이든 그것이 예술로서의 가치를 가지고 있는 한, 우리들의 예술의식에 호소할 수 없는 것은 없다. 그렇지만 이 경우 특히『우리들에게 호소한다』고 하는 것은 우리들의 예술의식보다 그 밖의 무언가의 의식에 호소하는 것, 말하자면 우리들의 도덕의식에 호소하는 것을 의미하는 것일 것이다. 그런데 소위 자신의 생활 및 그 범위를 보다 높게, 보다 깊은 것으로, 보다 충실한 것으로 하는 것에 공헌이라는 것에 있어서는 도덕과 예술 사이에 차별은 있을 수 없다. 단지 도덕의 경우는 그러한 공헌이 의식되는 목적인 것이고, 예술에 있어서는 그러한 공헌이 스스로의 결과로서 표출된다고 말하는 정도의 차이이다」(『新潮』대정13년 12월)고「예술의식」―「공헌」이라는 예술 향수에 있어서의 일원적 법칙을 내세

워서 문학을 미술·음악과 같은 것으로 논의하려는 예술 일반론에 그치고 마는 이 生田의 고정된 문학관이라는 것은 산문예술의 독자적인 기능면에서 그「인생과 함께 하는」위치와「우리들에게 호소하는 힘」을 강조하였던 広津의 논지를 무시하는 것과 같은 것이다.

더구나 生田가 말하는 예술의식이 広津가「선언 하나」를 비판할 때 근거로 하였던「전연 다른 생활에 대해 썼던 문학을 읽고 느낄 수 있는 능력」이라는 뜻과 같은 것이라면 그만큼 더 広津는 生田의「예술의식」일원론에 의한 예술 일반론의 산문예술 봉쇄에 강하게 반격하지 않을 수 없었던 것이다.

広津는 곧 駁論인「재차 산문예술의 위치에 대해서」를 『新潮』(대정 14년 2월)에 발표하고 그 문제점의「예술」―「예술의식」에의 환원을 부당한 것으로 하여「그 여러 가지의 예술의식이라는 것이 좀처럼 한 마디로『예술의식』이라는 하나의 말로서는 포용할 수 없을 정도로 느낌이 각각 다른 것이다. 그 점이 자신에게 있어서 가장 중요한 일이라 할 수 있는데 그런 까닭으로『산문예술의 위치』를 쓸 기분이 일어났던 것이다. 그러나 生田씨는 『예술의식』이라는 말만으로 모든 것을 일괄하고 있을 뿐으로 그 예술의식의 내용에 대해서는 조금도 설명을 하고 있는 것이 아니다」고 生田 입론의 미비점에 대해 언급하고 있다. 그는 재차 자신의 산문예술론에 대한 문제점을 명확히 하고 있는데 그 문제점의 해명을 위해 자신의「예술의식」의 검토에 들어갔던 것이다.

広津는 生田의「그들(톨스토이, 도스토옙프스키, 스트린드베르히)의 예술품은 예술임과 동시에 다른 어떤 것도 공유하고 있다는 의미에서 순수한 예술은 아니라고 할 것 같다. 그렇지만 소위 예술품이 아니라는 것은 반드시 그 가치를 무시해야 할 이유가 되는 것은 아니다. 왜라고 말해서 그 소위 예술품 속의 예술이 아닌 부분이 단순히 비예술적인 것에 그치는 것이지 반 예술이 되는 것에는 그치는 것은 아니다. 환언하면 전체의 예술적 효과를 조장하지 않는 것에 그치고 있을 뿐이어서 그것을 저해하고 汚毒하지 않는다면 그것도 특별히 예술적인 일면이 있는 까닭에 아무리 고도의 예술이라도 있을 수 있는 것이다」는 예술품에 대한 고정관념―「예술적이지 않는 부분」의 소극적 保持에 그친다―을 「그렇다면 生田씨의 소위 『불순함』을 모독해서까지 왜 그들 예술가가 生田씨의 소위 『예술적이지 않는 부분』을 그들 작품 속에 썼던 것일까」라고 그 역을 취해서 되묻고 있는 것이다.

게다가 그는 산문예술에 있어서 「예술적이지 않는 부분」의 「전체의 예술적 효과」에 미치는 유효성에 대해 역설적 논법을 이용하여 다음과 같이 강조하고 있다.

> 生田씨는 『그 소위 예술품 속에 예술답지 않는 부분이 단순히 비예술인 것에 그치고 있어서 반 예술에는 이르지 못하고 단지 전체적인 예술적 효과를 조장하지 않는 것에 그치고 있어서 그것을 저해하고 汚毒하지 않는다면 그러한 것도 특별히 예술적인 일면이라 할 수 있는 까닭에 아무리 고도의 예술이라도 있을 수 있는 것이다』고 말하고 있다. 그것은 반대로 生田씨의 소위 작자가 도덕가도 될 수 있는 까닭에 썼던 『비예술적인 부분』이 오히려 더한층 강하게 作物 전체에 살려져 그 감명을 더한층 깊게 해 간다는 사실이 있을 수 있을까. 生田씨의 소위 『비예술적인 부분』을 완전히 단절해 버렸을 경우에 그 예술품 자체의 가치가 반감되는 경우는 없을까. 없다고 대답할 용기가 씨에게 있을까. ―그렇지 않으면 씨는 그 감명은 순 예술적인 감명이 아니고 『예술과 도덕이 결합한 것이다』고 말할 수 있을까.

3년 전 有島가 「広津씨에게 응답한다」에서 鏡花와 비교하여 자신을 「제2 종류의 예술가」로서 폄하한 그 가치관계를 広津는 여기서 예정대로 有島 입장에 서서 転倒시키게 된다. 이러한 広津에게는 鏡花에게

里見弴, 게다가 谷崎潤一郎를 더한 듯한 예술미에 비평정신의 결락을 보게 되는 広津가 아니고서는 할 수 없는 명쾌한 진단이었음에 틀림없다.

그리고 泉鏡花나 里見弴과 같이「자기 예술에 몰두하고 있는 예술가」에 대해서 비평정신이 충만한 예술미를 설명하는 広津의 입장은 이윽고「構造 美観」의 신봉자였던 谷崎潤一郎와 논전을 벌였던 芥川龍之介 입장이기도 했다. 広津가 芥川와「세기말」병을 공유하면서도 芥川와는 달리「세기말」탈출에의 희망을 이어갈 수 있었던 것은 이미 해결 불가능한 부조리의 인생을 살아왔다는 자신감이 그 근거가 되고 있기 때문일 것이다.

다음과 같은 言句에 시대의 요구에 결코 인생을 고착시키지 않았던 산문정신의 소유자였던 広津의 맨 얼굴을 볼 수 있다.「시대가 달랐다고 말할 수 있기도 하고, 자신의 느낌이 달랐다고 할 수 있다. 그리고 체홉의 어떤 작품보다도 오・헨리의 어떤 작품 등에『세기가 달라 보였다』는 감명을 받는다」, 혹은「폴・모랑의 가치가 과연 어느 정도의 것인지는 아직 잘 알지 못하지만『보봐리 부인』의 작자와, 동시대의 작자는 아닐 것이라는 것에 대한 확실함이 우리들—아니 자신의 마음을 기뻐게 해주는 것이라고 말하면서 그것은 프로벨의 가치가 지금은 없어졌다는 의미는 아니다」는 줄거리이다.

단 위의 문장 중「자신의 느낌이 달라왔다」는 느낌은「인간이 느끼는 사물의 느낌이라는 것은 좀더 자연스레 가능하다」(「有島武郎씨의 궁핍한 사고방식」)는 広津 이전의 사고방식에 照合해서 특히 주의할 필요가 있다. 자신의 자유스런 느낌이「달라 왔다」는 것에 대한 확인은 広津의 경우 그 대로 자신 내부의「사물에 대한 느낌」의 자연스런 변화를 허용하는 그러한 인식—표현의 자유를 지키는 결의가 되어 나타났기 때문이다.

이 논쟁의 수확은 広津의 산문예술론은 계급운동의 시동에 따라 움직여진 有島武郎의 「선언 하나」에 촉발되어 유럽 전후문학 소개를 선구로 하여 관동대지진 이후에서의 신문학 대두의 정세를 배경으로 성립했다. 이 동안 広津는 사상 전환기의 지식인들에게 요구되는 인생과 그 표현으로서의 예술이라는 이해 하에 역사·계급을 초월하는 예술 일반론의 성격과 문학의 「인생과 함께 하는」 성격을 산문예술의 내적 논리로서 정합할 것을 시도하였다. 인생을 너무 파고들다 보니까 문학 放棄에까지 이르렀던 有島와 같은 위기감을 문학 그 자체에서 수확하는 것에 의해 극복하는, 아마 그러한 것이 広津의 근본적 모티브에 근거해서 작자를 궁지에 몰아넣었던 인생을 역으로 작품세계 속에서의 인생으로서 자립시켜 나간 것이 「산문예술의 위치」, 「재차 산문예술에 대해서」과 같은 양론의 구상이었을 것이다.

현실문제에 대해서도 예술에 대해서도 広津가 자연스런 인생을 확보하려고 하는 한, 현실 존중의 정신으로 파고들어 현실의 구속감에 빠졌던 곳에서 생겼던 有島의 비극이나 방법으로서의 표현·묘사를 갈고 닦는 것에 의해 예술의 구속감에만 몸을 맡기고 있었던 里見弴의 모습이 자유를 잃어버린 정신의 양 모습에서의 고정화로 비쳐지는 것도 확실하다. 이러한 결정적인 고정화에 대한 비판의 현상을 전체에다가 두고 보면 広津의 산문예술론은 그의 리벨라리즘(liberalism, 자유주의)에 관한 문학적 표현이었다고 할 수 있다. 지식인으로서 요청되고 있던 인생을 결코 고정화시키지 않고 그것을 표현해 가는 것이 산문예술이라는 사고방식이다. 広津의 리벨라리즘은 대정기 지식인 속에서도 특히 발군이었지만 산문예술론은 그 강인한 리벨라리즘에 뿌리내린 것으로서 소화10년대의 산문정신론과도 연결된다.

산문예술이 현실에 대하여 자유스런 인생을 확보해야 한다는 것을 전제로 하는 한, 有島의 계급에의 고집에 반대하는 것은 논리적으로 이후 프롤레타리아 문학의 이데올로기적 해석에의 고정화에 반대하는 것과 연결되는 것이다. 里見가 주장하는 예술지상・형식주의 고정화에 반대한다는 것은 그 논리를 뒤집어 생각해 보면 현실을 그대로 直写하는 것에 대한 고정화에 반대하는 것이 된다. 이 유연함, 또한 강인한 산문예술관에 입장에 서 있는 비판적 시좌로부터의 문학고정화 비판이라는 형태를 띤 문제제기가 이후의 산문예술 논의에 영향을 끼쳤던 것이다.

中村武羅夫・久米正雄의「私小説」논쟁, 芥川龍之介・谷崎潤一郎의「소설의 줄거리」논쟁 등, 일련의 예술론에 있어서의 대립적 전개를 통하여 산문예술이라는 것은 어떠한 것인가라는 구체적인 검토를 좀더 유효하게 이해할 수가 있다. 먼저 소화 초기에는 이데올로기에 의한 공식주의적으로 인생을 해석하는 것에 대해서, 또한 소화10년대에 들어가서는 전쟁이념에 의한 몰 주체적 인생 해석이었던 것에 대해서 広津의 산문예술론・산문정신론은 이러한 정치에 입각한 문단의 안이한 고정화를 측정하는 測鉛이었던 것은 말할 나위도 없다.

좀더 넓은 문학사적 관점에 서서 坪内逍遥의 写実論・자연주의 묘사론을 이어 받아서 그것들의 리얼리즘 이론 구조를 더욱 심화시켜 산문예술의 본질을 선명하게 해서 次代에 건넸던 제3의 리얼리즘 문학론이었다고 해도 결코 지나친 말이 아닐 것이다.(中村完, 散文芸術論争 참조)

지금까지 서술한 것을 좀더 구체적으로 파악해 보자. 広津和郎의 평론『산문예술의 위치』가 쓰여진 것은 대정13년이었고『新潮』9월호에 게재되었다.

이 평론은 대정11년에 행해진 有島武郎의「선언 하나」를 둘러싼 広津 자신 対 有島의 논쟁과 菊池寛, 里見弴에 의해 교환된 문예작품의 내용적 가치에 대한 논쟁과 이 두 개의 논쟁을 반성하는 음미 상에 서서 쓰여진 것이었다. 広津에 의하면 菊池寛, 里見弴의 논쟁이 진실로 논쟁으로서의 모양새가 될 수 없었던 것은 예술 속으로부터 특히 산문 예술만이 가지는 독자적인 성격에 입각하여 논하지 않았기 때문이 아닌가 하는 의견이다.

또한 이전에 有島는 広津와 논쟁을 하는 속에 자기 나름대로 예술가의 스타일을 세 개의 종류로 나누어 보였는데 그 중의 하나인 제3의 예술가라는 것은 예술가라 말할 수 없기 때문에 논외로 취급하고 있었지만 뒤의 2종류의 예술가의 선별에는 특별히 의견을 내세우지는 안 했다. 그러나 이 2종류를 평가하는 段이 되면 広津의 의견은 완전히 역이 되었다. 有島에 의하면 그의 소위 제1의 예술가가 가장 순수하게 존경해야 할 예술가고, 제2의 예술가는 그것보다도 낮은 등급인데 有島 자신은 실제 그곳에 속하고 있기 때문에 그것에 비하하고 있는 것에 대해서는 찬성할 수 없었다. 이러한 사실도 예술이라는 말을 너무나 막연하게 사용하고 있는 곳으로부터 온 폐해가 아닌가 하는 것이 広津의 의견이었다.

菊池寛도「문예작품의 내용적 가치」에 있어서「나는 예술가를 二分하고자 한다. 단 예술적 표현에만 염두에 두는 작가와 그것만으로는 만족할 수 없는 작가의 두 종류이다」고 말하고 있는데 이것은 有島의 분류와 거의 흡사하다고 봐도 좋다. 단지 菊池는 예술적 표현만으로는 만족할 수 없고 문예작품에 그가 말하고자 하는「내용적 가치」를 추구하려는 종류의 작가 중에 자신도 그곳에 더하고 첨가하고 있다. 더구나 이런 종류의 작가야말로 현대작가라는 것에 만족하고 있다고 주장하고 있다. 広津의 견해는 어느 쪽이나 하면 菊池에 가까운 것이라 할 수 있다. 단지 広津는 菊池와 같이 예술이든가 문예라든가 하는 막연한 일반적 대상을 산문예술 즉 소설이라는 특정의 문예장르로 바꾸어 그 성격 속으로부터 이상과 같은 분류에 따르자면 제2 종류의 작가야말로 현대 산문작가로서의 당연한 태도라는 것을 주장하고 있는 것이다.

산문예술이라는 특정의 문예장르가 가지고 있는 본질적인 성격으로서 이상과 같은 것이 요구되어야 한다는 것이다. 그곳으로부터 급속도로 결론에 도달하게 된다.

결국 한마디로 말하면 많은 예술 종류 속에서 산문예술은 곧 인생과 함께 하는 것을 일컫는다. 오른쪽 옆으로는 시, 예술, 음악이라는 여러 가지 예술이 나란히 하고 있고 왼쪽 옆으로는 곧 인생인 것이다.─그리고 인생의 곧 옆이라는 것은 인식부족의 미학자 등에게 말하게 하면 이상과 같은 까닭으로 산문예술은 예술로서 가장 불순한 것처럼 해석하지만 그러나 인생과 함께 한다고 하는 곳에 산문예술의 가장 순수한 특색이 있는 것이다. 그것은 불순한 것도 아무 것도 아닌 그러한 종류의 것이라 할 수 있는데 그 이외의 것이 아니라는 순수함을 가진 것이다.

広津의 이러한 説에 유력한 찬성론이 나타났다. 佐藤春夫의 「산문정신의 발생」(『新潮』대정13년 11월호)이 그것이었다.

우리들 가슴에 강하게 다가오는 살아있는 美는 단순히 그것을 판단하고 시인할 만한 적당한 이유가 없기 때문에 사실적으로 생생하게 우리들에게 다가오고 있는 곳에 우리들은 모든 美를 받아들이기에 주저하지 않는가. 広津군의 文中에 나타난 有島武郎씨와 같은 一例가 아닌가. 더구나 실감을 중요시하지 않고 인습을 중요시했기 때문에 완전한 調和를 얻어 그 調和를 가지고 세계를 보는 곳의 시인적 작가를 존중하는 것은 알고 있어도 혼돈인 채로 하고, 또는 의혹인 채로 내팽개치고 더구나 태연히 있는 곳의 산문예술을 주장하는 예술가─즉 근대주의 예술가를 충분히 인정할 수 없었는지 모른다.

이렇게 하여 시적 정신과 양극을 이루는 산문정신을 중심으로 하는 새로운 미학이 생겨나야 한다는 것을 주장하고 있다.

広津, 佐藤의 산문정신론 혹은 산문예술론을 반박하여 12월호의 『新潮』에 「인식부족의 미학자 두 사람」이라는 長論을 내걸었던 것은 예의 生田長江였다.

生田가 広津나 佐藤의 所論에 느낀 불만의 근본적인 것은 그들이 생각하는 대로의 감상을 생의 형태로 집필이 된다면 문제가 없겠지만 산문예술의 미학적 이론 여를 시도하려고 한 점, 그 체계화·이론화가 너무 성급하기도 하고, 애매하기도 한 점에 있었다. 예술을 제작하는 경우 그 찰나 찰나에 있어서의 일이라고 한다면 자신의 예술에 몰두하여 다른 것을 돌아볼 여유가 없다고 하는 것은 산문예술의 생활에 있어서도 충분히 있을 수 있을 뿐만 아니라, 싫어도 예술인 이상, 그렇게 되어야 하는 것이 당연하다는 것이다.

예술 제작을 실제로 행함에 있어서 자신의 예술에 몰두해서 다른 것에 여유가 없는 예술가라는 것은 산문예술의 세계에서는 생각할 수 없을 뿐만 아니라 음악, 미술, 시의 세계에서도 생각할 수 없다. 예술가가 예술가라고 칭하는 것도 인간인 이상, 자신의 생활 및 그 주변사항에 무관심하다는 것은 불가능하다는 것이다.

> 広津군이여 군은 콩쿠르, 프로벨 등의 평소 생활에 있어서 자신의 생활 및 주변에 무관심한 예술가로부터 베토벤의 음악과 같은 것, 미켈란젤로의 미술과 같은 것, 단테의 시와 같은 것이 탄생될 수 있다고 생각할 수 있을까.
> 広津군이여 군은 콩쿠르, 프로벨 등이 적어도 제작시에 있어서 어떻게 자신의 예술에만 몰두한 예술가일 수 있을까에 대해 발상하지 못할까.

다음에 広津 説의 중핵이고 그것을 생각해 내었기 때문에 이 一論

을 쓴 것이 아니겠는가 하고 생각되어지는 「산문예술은 인생과 함께 한다」는 설에 대해서는 끝내 그 의미를 알 수 없다. 인물화가 정물화보다도 더욱 인생과 언제나 함께 한다고 할 수 있을까, 인간의 병을 취급하는 의사가 獸医보다 더욱 인생과 함께 한다고 할 수 있을까, 혹은 인류학자가 수학자보다도 더욱 인생과 가깝게 하고 있다고 보는 것이냐 하고 야유를 보내고 있는 것이다. 산문예술이 詩보다도 특히 劇보다도 더욱 인생과 함께 하고 있다는 것을 설명할 수 있는 것은 결코 용이한 일이 아니라는 것이다.

이와 같은 佐藤 説을 낡은 美로부터 새로운 美에의 推移를 詩的 정신으로부터 散文精神에의 추이라고 생각하는 것은 온당하지 않다. 질서, 조화, 통일을 중요시하는 것이 시적 정신이라고 보는 것이 이상하기도 하고 그 반대의 것을 중시하는 것이 산문정신이라고 생각하는 것도 이상하다. 論보다 증거, 근대의 입체파, 미래파, 다다이스트, 표현파 등의 예술이 산문 이외에 오히려 더 많이 나오고 있는 것이 사실이 아닌가 하는 것이 生田 반박의 요지였다.

広津는 대정14년 2월호의 『新潮』에서 「재차 산문예술의 위치에 대해서」라고 제목을 붙여 生田에 응답하였다. 예술 일반과 현대의 산문예술이 우리들의 예술의식에 호소하는 것만을 가지고 동열에 두어도 좋은 것인지 어떤지, 그러한 일반적인 예술론으로 만족할 수 없는 것에 대해 말하고 싶었던 것이라고 하였다. 功利의 의미를 배제한 제일의적인 예술미 외에 우리들이 일상 보고 있는 생활에 가까운 美, 무엇보다도 인생적 요소를 섞은 미, 현실적인 卑近美라고 해야 할 것, 이 점을 산문예술의 특색으로서 강조하고 있는 것이다. 「산문예술은 인생과 함께 한다는 말은 지금 생각해 보면 스스로도 웃음이 나오기도 하지만 그러나 그 卑近美 세계를 취급하고 있는 예술이라는 의미를 조금 엉뚱하게 미문적으로 말투를 각색한 것까지이다」고 한다.

　有島가「선언 하나」에서 호소한 어색하고 궁색한 삶에 대해 広津가 어색한 초조함이 느껴졌다고 하는 것도 당연한 것이었는지 모른다. 이전에 초기의 武者小路에 대해 느꼈던 것과 같은 것이 한층 극단적인 형태로 나오고 있었기 때문이었을 것이다.

　우리들은 여기서 대정5년에 잡지『톨스토이 연구』에 쓴 広津의 뛰어난 평론「성난 톨스토이」를 상기시킨다. 그것은 한마디로 말해서 톨스토이에 있어서 자기완성과 불일치의 관계에 대한 의문을 던진 것이라 할 수 있는데, 물론 그것은 곧 広津 자신의 삶을 표현한 것이라 할 수 있다. 톨스토이 말년의 불일치는 로망・롤랑에게 말하게 한다면 자기만족에 그치지 않는 톨스토이의「완성에 이르는 길의 움직임의 표시」라 한다. 그러나 그것은 틀린 것이다. 정말로 자기완성에로 향해서 나아가고 있는 사람은 그 일보 일보가 法悦일 터이다. 자아 이외에 목표를 두고 그것과 자아 사이에 시간적인 거리를 두고 있던 톨스토이는 초조함에 부담을 느꼈고 항상 긴장하고 있었다. 톨스토이는 항상 현재라고 하였다. 그러한 위에 그에게는 그 현재가 오지 않았던 것이다.

　『白樺論争』에서 봐온 바와 같이 농부의 비참함과 베토벤의 해부를 따로 생각할 수 없었던 톨스토이, 그곳으로부터 생기는 초조감과 불일치를 톨스토이의 인식부족으로 돌렸던 広津는 항상「자아의 정신의 생활력」의 신뢰 회복에 서 있었기 때문이다. 예수의 五誡에 대한 해석과 연구에 있어서 톨스토이는 제4의「악을 가지고 악에 항거하지 마라」를 왜 가장 중대한 것으로 생각했을까. 広津에 의하면 이 五誡을 독립된 진리로 볼 때, 제1의「화내지 마라」가 무엇보다 중요한 것이었다. 톨스토이는 최초「화내지 마라」의 의미를 잘 몰랐었는데「악을 가지고 악에 항거하지 마라」를 바르게 이해할 수 있어서 처음으로「화내지 마라」의 해석도 가능했다고 말하고 있다. 広津는 그러한 것에 의문을 품었던 것이다.「만일 사람들이 그대를 화나게 만들었다면 가령 그 분노에 아무런 이유도 없이 빨리 그것과 화해를 해야 할 것이다. 그것은 이 세상에 있어서 적의를 제거하는 이유가 된다. 그대에게 순응하지 않는 사람이 있다면 빨리 이것과 순응해야 할 것이고 그렇지 않으면 이 적의의 끝에 그대에게 불리하게 돌아가는 길이 되기 때문이다」고 하는 것이「화내지 마라」에 대한 톨스토이의 해석이다. 이것만으로 생각해서는「悪을 가지고 悪에 항거하지 마라」의 해석 전부가 변해야 하지 않겠는가.

広津는「화내지 마라」를 좀더 적극적인 의미로 해석하려고 하였다. 그것은「악을 가지고 악에 항거하지 마라」와 같이 개인과 개인 사이, 또는 개인과 사회와의 사이, 따라서 인류 사이의 평화를 유지해야 할 誠이 됨과 동시에 좀더 내면적인 것, 환언하면 개인과 神 사이의 관계를 서술한 것이라고 본다. 왜냐하면「화내다」는 것만큼 우리들의「영혼의 성장력」을 해치는 것은 없기 때문이다. 신이 개인에게 부여한 것, 즉 생명력을 해치는 것은 아니기 때문이다. 분노는 타인을 해치기 전에 개인 자신을 해친다. 개인의 생명을 해친다. 개인의 생명력을 부자연스럽게 만든다. 신으로부터 받은 性情의 진보를 부자연스럽게 만들고, 자신의 생명력을 소모시키는 것이어서 그것은 신과 무한함에 대한 모험이라는 것이 広津의 의견이었다.

이러한 곳에서 나타난 広津의 삶으로부터 볼 때,「선언 하나」에 나타난 有島의 성급한 초조감을 긍정할 수 없었다고 하는 것을 용이하게 알 수가 있다. 広津에 대해서 有島의 이러한 비장한 태도 표현은 때마침 비판을 위한 비판의 대상이 되었을 뿐만 아니라, 広津 인생의 삶의 근본 태도와 대립하지 않을 수 없었던 것이다. 그러나 여기서 중요한 것은 이 정도로 솔직하게「자아 정신의 생활력」에 신뢰를 보내고 부자연스러운 삶 때문에 개인의 생명력을 해치는 것을 무엇보다도 경계하였던 이가 広津였다. 그는 有島가 주장하였던 제1 종류의 예술가—자신의 실생활과 주위와의 간격 등에는 완전히 등을 돌리면서 자신의 생활 전부를 순수한 예술경에만 몰입해 가는 예술 지상주의적인 예술경을 부정하고, 어디까지나 실생활과 주위와의 사이에 어떤 합리적인 관계를 만들어 내지 않고서는 제대로 된 예술조차 산출할 수 없는 제2 종류의 예술가 입장에 선 것이야말로 현대 예술가의 정당한 태도라고 믿고 있는 것이다. 이러한 태도를 무엇보다 강력하게 주장하려고 해서 예술 일반, 문예 일반 속으로부터 특히 산문예술을 취하여 그 성격 자체에 제2 예술가의 본령이 내재하고 있다는 것을 강조하지 않을 수 없었던 것이다. 여기에 문학자로서의 広津의 독자적인 면모가 발견되는 것이다.

  広津가 지적한 산문예술의 위치, 소위 인생과 함께 해야 한다는 의견은 生田의 비판에 의할 것도 없이 지레짐작 적인 측면이 없는 것도 아니다. 사실 卑近美라고 해봐도 그것이 산문예술만의 독자적인 美라고 볼 수 없는 것이다. 그러한 것에 의해 도저히 산문예술의 미학이 세워질 리가 없다. 그것보다 그에게 이와 같은 발언을 할 수밖에 없었던 당시 문학의 실정을 생각해야 봐야 한다.

  시기는 러시아에 혁명이 일어났고 유럽 大戰이 끝나고 벌써 수년이 지나고 있었다. 일본 경제는 이미 심각한 공황이 시작되고 있었다. 끊임없이 스트라익이 일어나고 있었고, 계급대립이 날마다 격화되고 있었다. 데모크라시에 입각한 민중예술론이 계급적인 목적의식에 의한 그것에 대신해서 대신 되어야 할 시대가 된 것이다. 그러는 한편에서는 유럽 大戰에 의한 일본 자본주의의 번영이 문학에도 조화와 평안을 가져왔기도 하였다. 국가나 민족이나 역사를 捨象한 白樺派 문학이나 싸울 대상을 놓친 자연주의 문학이 심경소설이나 사소설 개념을 성숙시켜 나가고 있을 때, 문학을 정치에의 일탈과 심경적인 私小說에의 도피로부터 동시에 지키려고 한 広津의 자세로부터 필연적으로 요구되는 것은 그의 산문예술이 가지고 있는 정확한 위치에 대한 주장이었던 것이다.

그것을 透谷나 啄木는 물론이고 이전의 자연주의보다 훨씬 후퇴한 지점에서 소설의 영역만을 정치와 심경과의 쌍방으로부터 지키려고 한 자세의 표출이라 봐야 할 것이다. 또한 이 산문예술론은 한 시대를 거쳐 소화13, 14년이 되어 변모한 사회와 문학정세 속에서 별개의 역할을 담당하고 부활 논의되었던 것이다.

이윽고 그것은 武田麟太郎들과 『日本浪曼派』의 準同人이라고 해야 할 林房雄들과의 사이에 산문정신을 둘러싼 논쟁이 새로운 의미를 가지고 등장하게 되는데 広津도 또한 그곳에 다른 각도로부터 참가하게 되었다.

7 私小説 논쟁

「사소설은 사라졌지만 사람들은 과연 「私(나)」를 정복했다고 말할 수 있을까. 사소설은 또한 새로운 형태로 나타날 것이다. 프로벨의 「보봐리 부인은 나다」는 유명한 도식이 사라지지 않는 한은」(「私小説論」소화10년 8월)이라고 쓴 것은 小林秀雄였다. 문학사적 존재로서의 「私小説」은 지금은 거의 쓰여지고 있지 않지만 넓은 의미에서의 「사소설」과 「本格小説」의 문제는 현재에 이르러서도 결착이 나고 있지 않는 것이다.

「내향의 세대」를 둘러싼 논쟁도 기억에 새롭지만 이러한 것도 광의의 「사소설 논쟁」이라 할 수도 있다. 같은 논쟁이 금후도 다른 형태로 계속 되풀이 될 것이다. 小林秀雄의 예언은 여전히 그 의미를 잃지 않고 있는 것이다.

「사소설 논쟁」의 발화점이 된 것은 中村武羅夫의 「본격소설과 심경소설과」(대정13년 1월)이다. 中村에 의하면 본격소설은 「1인칭 소설에 대한 3인칭 소설」이라 할 수 있는데, 「주관적 방법에 대한 엄정하게 객관적인 방법」의 소설인 것이다. 「작자의 기분이나 감정을 직접 쓰지 않고, 어떤 인간이나 생활을 그려가는」 소설을 말한다. 혹은 「어디의 누가 쓴 것인지 몰라도」,「쓰여져 있는 그 자체」에 의해 평가를 받는 소설이 본격소설이라고 中村는 말하고 있다.

그것에 대해 심경소설이라는 것은 사소설이 진화한 형태라 할 수 있고, 본격소설이라는 것은 정반대의 특징을 가지고 있다.「작자가 곧 작품상에 그대로 나타나다」는 것임과 동시에,「작자가 직접 말하는 그 자체가 작품이 된 것과 같은 소설」이다. 주로 그것은「쓰여져 있는 그 자체」라 보기보다는「누가 썼는가」에 역점이 두어지는 것이다.

中村의 論은「최근 소설계의 경향」에서 심경소설이 너무 많이 나간 결과,「심경소설이 아니면 소설이 되지 못한다」고까지 그 경향이 강하게 나타나 왔다는 판단에 근거하고 있다. 심경소설을 배척하는 것은 아니지만 그것이 모든 것이라는 논의만으로 좋은 것일까 하는 것이 中村의 論이었다.

이러한 中村의 論의 계보는 이후에 小林秀雄의「私小說論」속에서 보다 상세하게 전개된다. 거기서 제출된 것은「사회화한 나」라는 명제였는데 그 계보는 더욱 전후의 中村光夫의「風俗小說論」에까지 미치고 있다.

小林秀雄, 中村光夫는「私小說論爭」과는 직접적으로는 관계가 없을지 모르지만 中村武羅夫가「私小說」에 본 것과 동질의 것이라는 것을 알아차린 것은 그대로였다. 그것은 사소설—심경소설이 소설이어야 할 가장 이상적인 형태라는 것에 대해 부자연스러움을 느끼는 경향과 관계가 있는 듯이 보인다.

中村武羅夫에 대해서 말하면 이상적으로 생각하는 본격소설이 톨스토이의『안나·카레리나』라고 하는 것이 시대도 풍토도 다른 이러한 기준에 의해 심경소설을 비판하는 것 자체가 그의 論을 약간 외재적, 추상적인 것으로 만들었다고 할 수 있다. 그와 똑같은 것이 사소설에 대해 비판적이었던 小林秀雄나 中村光夫에 대해서도 해당된다. 그것뿐만이 아니라 외국문학 연구자로부터 출발하였던 수재형 비평가인 이상주의가 사소설을 부정하고, 대신 본격소설을 대망 한다고 하는 보편적인 경향을 가지고 있는 것도 생각할 필요가 있을 것이다.

현재에서도 그 사정은 그렇게 변하고 있는 것은 아니다. 본격소설을 대망 하는 것은 주로 「읽는 사람(독자)」 측일 것이다. 「읽는 사람(독자)」을 대표하는 것이 비평가이기 때문에 비평가는 아무래도 사소설 부정으로 돌아가기 쉽다. 「사소설 논쟁」의 문맥으로 말하면 生田長江의 「일상생활을 편중하는 悪傾向」(대정13년 7월)은 그러한 한 전형이라 할 수 있다.

그것에 대해서 창작에 직접 관계하고 있는 실작자 말하자면 「쓰는 사람(작자)」에 대해서 「읽는 사람(독자)」이 요구하는 것은 현재 자신이 주어져 있는 창작의 현장 감각으로부터 약간 과장되어 있는 것이라고 생각하기 쉽다. 사실은 누구도 『안나・카레리나』와 같은 작품을 쓸 수 있다면 좋겠지만 실제로 그런 것이 쉽게 될 리가 없다는 것이 이쪽이 할 말인 것이다. 中村武羅夫의 論에 대해 쓰여진 久米正雄의 「사소설과 심경소설」(대정14년 1～2월)은 그러한 「쓰는 사람(작자)」 측의 반론의 한 전형이라 할 수 있다.

「사소설과 심경소설」은 반드시 직접적으로 中村武羅夫의 論에 반발해서 쓰여진 것이라 할 수는 없어도 결과적으로는 예리하게 대립하는 꼴이 되었다. 현재 시점으로부터 공평하게 봐서 中村가 「본격소설」을 대망 하는 것과 久米가 「사소설」―「심경소설」이야말로 무엇보다도 순수한 소설이라고 주장한 것은 분명히 久米 쪽이 더 성급하고 급진적이었다고 말하지 않을 수 없다. 中村가 「심경소설」의 존재를 인정하고 있는 것에 대하여, 톨스토이도 도스토예프스키도 통속작가라고 말하는

久米의 論은 훨씬 배타적이라 할 수 있다.

久米의 論은 『안나・카레리나』와 같은 작품이 쓰여지면 좋겠지만 실제는 그것은 곤란하다는 것으로부터 더 일보 전진한 곳에서 주장되고 있다. 그의 주장에 의하면 『안나・카레리나』도 원래 만들어진 것이어서 그것은 문학작품이 아니라는 것이다.

> 나는 첫째로 예술이 참다운 의미에서 다른 인생의 또 다른 창조라는 생각은 아무래도 믿을 수 없다. 그런 한 시대 전 문학청년들의 과장된 至上感은 나에게는 아무래도 가져질 리가 없다. 따라서 단지 나에게 있어서 예술은 그 사람이 밟아온 한 인생의 재현으로밖에 생각되지 않는다.

이와 같이 창조가 아니고 재현이라고 久米는 말하고 있는데 그러나 재현도 또한 창조가 아닌가 하는 생각이 든다. 久米가 통속소설이라 칭하고 있는 『전쟁과 평화』도 『죄와 벌』도 무엇의 재현이라는 것에 따라서 창조인가 아닌가 하고 생각되는 것이다.

주목해야 할 사항은 久米正雄에 이르러서 소설이 놀랍게도 궁핍한 장소에로 흘러들어 갔다는 것이다. 이러한 久米의 論이 각별히 특이하다고는 생각되지 않지만, 통용되던 이 시기의 일본 근대문학의 운명을 말해주고 있다고 할 수 있다.

여기서 사소설과 심경소설의 관계에 대해서 언급해 보면 사소설이 순화된 형태가 심경소설이라는 것이 久米의 論이다. 「心境」이라는 것이 간단히 나타낼 수 없는 미묘한 표현이지만 久米에 의하면 「……내가 하이쿠를 만들었던 때, 俳人 사이에서 사용된 말로 작품이 형성되어 질 때의 심적 경지라는 정도의 의미」(「사소설과 심경소설」)이기 때문에 이것은 약간 개인적 색채가 강함과 동시에, 왠지 모르게 동양적 초탈의 흔적도 느껴진다. 그것과 동시에 「心境」에는 그 자체가 윤리적인 입각점이라는 의미가 함께 내포되어 있는 것이다.

「……요컨대 입각점의 확실함을 말하고 있다. 그곳으로부터 이루어지는 어디를 어떻게 보든 항상 틀림없이 자신일 수 있는……마음자세이다」(「사소설과 심경소설」)는 것이 久米가 밝히고 있는 바와 같이, 지금으로부터 보면 약간 독단적이기도 하고, 관념적인 論일 수밖에 없다. 그러나 어쨌든 이것이 久米正雄의 입장이고 동시에 일본 근대문학이 걸어온 하나의 정점이었다.

이 정도의 극론은 아니라 해도 사소설 논쟁 중에서 나타난 論은 中村武羅夫, 生田長江의 論을 제외하면 宇野浩二의 「『사소설』私見」(대정14년 10월)과 같이 久米의 論에 가깝게 쓰여지는 것이 대세였던 것이다. 그러나 그러한 것이 대세였든 어쨌든 일본 근대문학이 다다른 지점이었다 하더라도 이러한 것을 소설론 쪽에서 보았을 때, 久米의 論은 소설개념에서 후퇴를 보이는 것도 지적해 두어야 할 것이다.

『전쟁과 평화』나 『죄와 벌』을 처음부터 시야 바깥으로 제쳐두었던 것은 상당히 편협한 논의라고 말하지 않을 수 없다. 심경소설이라는 것은 일종의 순수소설 같은 것이라 생각되는데 소설이라는 문학 장르에는 어딘가 「純」이라는 것과 그렇지 않는 것이 서로 혼재해 있는 것도 부정하기 어려운 것이다.

사소설 논쟁의 배경에 가로 놓여 있었던 것이 시대의 전환기였던 것은 확실하다. 관동대지진(대정12년 9월)의 기억도 생생한 이 시기에는 한편에서는 『문예전선』(대정13년 6월)에 의한 「혁명의 문학」과 다른 한편에서는 『문예시대』(대정13년 10월 창간)에 의한 「문학의 혁명」 시대이기도 하였다. 어느 쪽도 기성문단에의 대담한 도전이었던 것은 변함이 없다. 사소설 논쟁은 이러한 새로운 조류에 대한 기성문단 측의 자기 위축에 의한 방어로서의 측면도 가지고 있었던 것이다.

그렇다고 한다면 본격소설을 제창하였던 中村武羅夫의 「본격소설과 심경소설과」도 사소설—「심경소설」을 외측으로부터 부정하려고 하였다기보다 기성문단의 내측으로부터 그것을 개혁해야 한다고 생각했기 때문이라고 말할 수 없는 것도 아니다. 똑같이 久米正雄의 「사소설과 심경소설」도 또한 일종의 순수소설로서의 심경소설이야말로 프롤레타리아 문학에도 신감각파 문학에도 대항할 수 있는 유일의 길이라는 생각을 가지고 그것에 의해 기성문단 측에의 태도를 나타내 보였던 것이라고 할 수 있다.

논쟁은 논쟁으로서 심화되어가지를 못하고 谷崎潤一郎와 芥川龍之介 사이에 이루어진 「소설 줄거리 논쟁」에로 이행해 갔던 것이다. 소화2년의 일이다. 그리고 그 해가 芥川가 자살한 해였다는 것을 생각해 보더라도 「혁명의 문학」과 「문학의 혁명」의 소리를 높이고 있었다는 한 증거가 되고 있다. 그것은 芥川도 또한 기성문단의 한 사람이었고, 동시에 대정 문학의 종언과 소화문학의 시작을 보이고 있었기 때문이다.

사소설의 문제가 시류에 따라 다시 문제가 된 것은 그것이 일본 근대문학이 숙명적으로 안고 있었던 주제였기 때문이다. 부정론이 되풀이되고 있었지만 그것을 참으면서 오늘날까지 사소설이 살아남았다는 것이 사소설을 생각하는 의미에서 무엇보다도 기본적인 전제를 깔아야 한다는 것은 지금도 변함이 없다. 그것은 사소설을 외재적으로는 부정할 수 있다하더라도 아무렇지도 않다는 것을 가르치고 있다. 사소설에 있어서의 「私」의 협소함과 「사회」라는 관점으로부터 비판당하는 것은 당연할 수도 있겠지만 그 경우의 비판의 기준이 되고 있는 「사회」가 관념의 공전으로 끝나버리는 것은 종종 있는 일이었다.

한 때 「전체소설」이라는 말이 일컬어지고 있었는데 결과적으로 보면 단순한 「사회」의 도식을 제시하는 것에 그친 것이었다. 결국은 「私」만쓰면 사소설을 쓸 수 있을 거라는 것이 착각이었던 것과 같이, 정치나 사회를 쓰기만 하면 모두 문제없이 「전체」가 표현될 것이라고 생각하는 것도 착각에 지나지 않는다. 그것들은 어쩌면 나쁜 소재주의가 될 수가 있다. 어쩌면 細部를 세부에 의해 그려나가는 것이 그대로 전체에로 연결 되어가는 길인지도 모른다. 모든 것이 다 그러하다고는 말할 수는 없지만 세부에 지나지 않을 것이라고 생각하는 결정론으로서는 이해할 수 없다는 것도 부정할 수 없다. 이것과 똑같이 정치나 전쟁이라는 非 私小說的 세계를 소재로 삼기만 한다면 곧 본격소설을 쓸 수 있을 것이라고 생각해서도 안 된다. 정치도 또한 작자의 투영에 지나지 않다는 것도 얼마든지 있을 수 있기 때문이다.

사소설에 대한 論에 정치나 사회라는 요소가 첨가되기 시작한 것은 프롤레타리아 문학 이후의 일이다. 「사소설 논쟁」 직후 일본에는 프롤레타리아 문학이 들어오게 되었는데 그 괴멸 이후의 「문예부흥」기에 쓰여졌던 小林秀雄의 「私小說論」이나 그 후의 사소설에 대한 論에는 당연히 정치나 사회라는 관점이 당연한 것처럼 들어가게 되었다. 일종의 「사소설 논쟁」이라고도 할 수 있는 「내향의 세대」에 대한 논의도 이러한 변화의 방향에 따라 행해진 것이다.

谷崎潤一郞와 芥川龍之介 사이에 小說觀에 대한 논쟁이 행해지게 된 것은 소화2년의 일이었는데 이 논쟁의 와중에 곧 芥川는 자살하고 만다. 이 해의 1월부터 谷崎는 수개월에 걸쳐서 『改造』에 「饒舌錄」이라 제목이 붙은 文芸 隨想을 연재하였다. 그의 抱懷하는 소설관의 모습이 대담하고 솔직하게 토로된 것이라 할 수 있는데 그것은 당시 문단의 지배적인 경향에 대한 반항감에서 나온 것이었다.

「도대체 나는 요즘 나쁜 버릇이 있어서 자신이 창작하기로 마음을 먹고 타인의 작품을 읽기로 생각하여도 그것이 거짓이 아니면 재미있지 못하다. 사실을 있는 그대로 소재로 삼은 것이나 그렇지 않으면 사실적인 것은 쓸 기분도 나지도 않고, 읽었다는 기분도 일어나지 않는다」든가,「근년의 나의 취미가 솔직한 것보다는 비뚤어진 것, 순수한 것보다 사악한 것, 될 수 있는 대로 細技가 다듬어진 것을 좋아하게 되었다」고 말하고 있다. 물론 이것이 당장「饒舌錄」의 전체를 꿰뚫고 있는 그의 소설관이기도 하다. 그는 또한「근년에 나의 취미가 붙어서」라고 말하고,「근년의 나의 취미」따위로 말하고 있는데 이것은 처녀작이래 시종 변함없는 谷崎의 버릇이라 할 수 있고, 취미라는 것도 말할 나위도 없다. 원래 그러한 작품을 내걸고 출현했을 그가 지금이 되어 일부러 그러한 것을 강조하게 된 것은 전술한 당시의 지배적인 문학사조가 그의 버릇이나 취미와는 역방향으로 움직이고 있었기 때문이기도 하다.

즉 그러는 또 한편에서는 프롤레타리아 문학의 급격한 진출이 있었고, 다른 한편에서는 여기에 대항하는 신감각파의 주창이 있어서 명치 이래의 자연주의 계통 및 그것에 계속되는『白樺』派 등, 당시 주류가 그 나름의 성숙을 보이고 있었다. 그 경지를 더욱 세련 심화시키는 것에 의해 의식적이든 무의식적이든 이들 신문학의 협격에 대항하려고 몸짓을 취하려는 곳에 나타난 경향이기도 하였다. 소위 심경소설의 주장이 이것이다.

심경소설이라는 명칭은 久米正雄의 명명에 의한 것이라고 그 자신이 쓰고 있다. 심경이라는 것은「사실은 내가 하이쿠를 짓고 있을 때 俳人사이에 사용된 말로, 작품을 만들 때의 심적 경지라는 정도의 의미로 이해하면 될 것이다」고도 말하고 있다. 久米가 적극적으로 심경소설론을 주장하게 된 것은 대정14년 1, 2월의 文芸春秋社 간행의『文芸講座』에 있어서였다. 거기까지에도 종종 사소설 또는 심경소설에 대해 언급하기도 하였지만 적극적으로 그 존재를 주장하고 강조한 것은 이 강좌의「사소설과 심경소설」에 있어서였다.

久米는 여기서「나는 저 사소설을 가지고 문학의―라고 해서 너무 넓다면 산문예술의, 참다운 의미에서의 근본이고 本道이고 眞髓라고 생각한다」고까지 극언하고 있다. 물론 이만큼의 대담한 발언을 하기 위해서는 그 근거도 또한 대담한 것이었다. 즉 久米에 의하면 예술이 참다운 의미에서 또 다른 인생의 창조라고 말하기는 아무래도 신뢰성이 떨어진다. 예술이 또 다른 인생의 창조라고 말하는 것은 한 시대 전의 문학청년들이 말하는 과장적 至上感에 지나지 않는다. 자신에게 있어서는 예술은 그 사람이 걸어온 한 인생의 재현일 수밖에 없는 것이다.

예를 들면 발자크가 여러 형태의 인물을 살았던 것처럼 창조하라고 한 말은 자신에게는 결국 억지로 꾸며 만든 것으로밖에 생각되지 않는다는 것이다.「나는 요즘 어떤 강연회에서 이러한 폭언을 했다. 톨스토이의『전쟁과 평화』도 도스토예프스키의『죄와 벌』도 프로벨의『보봐리 부인』도 품질은 고급이긴 해도 결국은 위대한 통속소설에 지나지 않는다고 결국 꾸며 만든 것이고 독서물이라고」.

모든 예술의 기초는 결국은「私」에 있다고 보는데, 문제는 그「私」가 과연 여실히 표현되고 있는지 어떤지 하는 것이라고 久米는 생각한 것이다. 거기에는「私」를「컨덴스(통합화)하고,―융화하고, 여과하고, 집중하고 그리고 혼연히 재생시켜서 더구나 잘못이 없는 심경을 要한다」.

이렇게 하여 참다운 의미의 사소설은 동시에 심경소설이어야 한다는 것이다. 즉 심경소설이야말로 예술의 本道이고, 眞髓여서 그 외는 많든 적든 전부가 꾸며 만든 것뿐이어서 예술을 통속화시키는 수단이 되거나 그 방법이 된다는 것이다.「私」로부터 참다운 근대적 자아로서의 실질 내용을 버리고, 단순히 경험적이고 일상적인「私」의 심경으로 되돌아간다는 것이다. 더구나 그 심경이라는 것은 俳人 사이에서 사용되고 있는 말로부터 생각해 내었다는 사실은 상징적이라 할 수 있다. 이러한 생활 기분풍의 심적 상태를 절대적이라고 생각하는 입장으로부터 보면 『전쟁과 평화』도 『죄와 벌』도 억지로 만든 것뿐이어서 「위대한 통속소설」로 보인다는 것은 오히려 당연히 자연스런 일인지 모른다. 다른 말로 말하면 『전쟁과 평화』나 『죄와 벌』 등의 작품이 꾸며 만들어졌다는 것은 통속소설이라는 좁고 특수한 지점까지 소설의 개념을 후퇴시켰다는 것이다. 즉 『전쟁과 평화』나 『죄와 벌』이 통속적으로 보이는 지점을 확보하고 있는 한, 경향적인 프롤레타리아 문학 등에 주의할 필요는 없다. 심경을 중심으로 하고 있는 한, 여기에 대항할 수 있는 것은 단가·하이쿠·수필 등을 제외하고는 그 외에는 없다는 것이다.

어쨌든 久米가 주장하고 있는 심경소설에 해당하는 것은 이제까지 여러 작가들에게 몇 개인가는 나타나고 있었던 것이지만 그것이 심경소설이라고 의식적으로 명명되기까지에는 프롤레타리아 문학의 진출에 卽應해서 나타난 현상이라는 것이다.

이러한 의미에서 久米가 심경소설이야말로 사소설의 본령일 뿐만 아니라, 예술의 본령이고 진수라고 주장하기에 이르렀던 것은 중요한 역사적 발언이라 해도 좋다. 이것이 계기가 되어 심경소설 및 사소설에 대한 騷然한 논의가 일어난 것도 당연한 것이다.

『文学界』 소화29년 11월호에 平野謙이 『生活演技説·修正』이라는 一文을 쓰고 있는데 그 속에 다음과 같은 一節이 있다.

　　管見에 의하면 사소설이라는 독특한 문학적 범주가 일본에 확립한 시기는 近松秋江가 『疑惑』(대정2년 9월)을 발표하고 木村艸太가 『索引』(대정2년 8월)을 발표했을 때, 실질적으로도 사조적으로도 정해진 시기였다. 『蒲団』이 없으면 『疑惑』도 존재하지 못했는지 모르겠지만 아니면 武者小路実篤의 『어리석은 사람』이나 『세상 물정 모르는 사람』이 쓰여지지 않았다면 木村의 恋文公表라는 현상도 일어나지 않았을 것임에 틀림없다. 그리고 『蒲団』과 『어리석은 사람』은 완전히 그 발상이 이질적인 작품이다. 이러한 사실은 통상 사소설적 풍조는 자연주의 문학의 한 귀결로서 받아들여지기 쉽지만 그것 못지 않게 白樺派만의 고유의 대담하고 솔직한 자기표현의 문학이 그 중요한 굴절의 매체를 이루는 사실을 설명해 밝히고 있다. 즉 대정2년에는 이미 사소설적 풍조는 일반화되었는데 그 원류는 『蒲団』에 시작되는 자연파와 『어리석은 사람』을 선구로 하는 白樺派와 동등의 힘을 가진 것으로 생각하면 된다.

이상과 같이 平野謙이 말하고 싶었던 것은 大正期에 있어서 사소설의 확립은 『蒲団』이래의 자연주의의 굴절로부터 생겨난 것이라고 통상 알려져 있지만 武者小路로 대표되는 「白樺派만의 고유의 대담하고 솔직한 자기표백의 문학」이 동등한 자격으로 참가하고 있다는 사실을 놓쳐서는 안 된다는 것이다. 그러나 이것은 반드시 平野의 創見은 아니었다.

『新潮』 대정14년 10월호에 宇野浩二가 『「私小説」私見』이라는 감상을 쓰고 있는데 그 속에 「사소설의 원류는 나는 白樺가 아닌가 하고 생각하고 있다」고 쓰고 있다. 또한 「武者小路氏의 놀랄만한 문체가 나는 사소설에 있어서 어떤 의미에서의 원조라고 생각하고 있다」고까지 극언하고 있는 것이다. 平野가 사소설의 원류로서 자연주의와 白樺派를 동등하게 놓고 있는 것과 비교하면 이것은 오히려 白樺派 특히 武者小路의 놀랄만한 방임 자유분방한 문체야말로 사소설의 「어떤 의미에서의 원조」라고 생각하고 있는 것이다. 이것은 그러한 점에서 平野보다 더욱 적극적인 의견이라 할 수 있다. 宇野浩二에 의하면 『白樺』라는 잡지가 나왔을 때, 처음으로 사소설다운 사소설을 본 기분이 들었다는 것이다. 종래 사소설의 입장에서 보면 상당히 거리가 먼 황당한 사소설이라고도 불러야 할 것이다.

「自分(나)」라든가 「俺(나)」라는 독특한 일인칭으로 쓰여진 것을 읽으면 이제까지의 자연주의의 일인칭과 크게 취향이 다르다는 것을 알 수 있을 것이다. 이제까지의 일인칭 소설에서는 그 일인칭의 인물과 작자 사이가 크게 떨어져있기도 하고, 따라서 작자도 이와 같은 사실에 유의하였던 것 같다. 즉 작자의 태도는 3인칭 소설을 쓸 때와 같은 태도였다. 武者小路 소설에 이르러서는 소학교나 중학교에서의 작문 같은 것을 생각하게 하는 것으로 문장 속의 「自分(나)」라는 주인공은 한번 읽고 난 후에는 곧 작자 그 사람이라는 것을 알 수 있다는 것이다. 이것도 역사적으로 천착해 본다면 田山花袋가 주장한 자연주의 문학의 원천에서부터 출발하고 있는 것이 느껴질 것이다. 따라서 어쩌면 현재 「私」라는 말이 문장에 많이 사용되어지게 된 것은 田山花袋 이래이다. 그러나 白樺派의 사람들은 약속이라도 한 듯이 「私」라는 말을 더러운 듯이 기피해서 「自分(나)」을 慣用하기 시작했다. 따라서 이 白樺派의 「自分(나)」이라는 말은 사소설의 발달과 어떤 연관이 있는지 모르겠다.

이상이 대정14년 10월에 발표한 사소설과 白樺派의 관계에 대한 宇野浩二의 의견이다. 그리고 이 의견은 오늘날에서 보면 너무나도 실제에 입각하여 쓰고 있는 듯이 보인다.

사소설·심경소설이 문제가 되고 있을 때였기 때문에 久米의 대담하고 솔직한 발언은 갑자기 소연한 논의를 불러일으켰다. 그런데 정면으로부터 이것에 반대한 것은 中村武羅夫와 生田長江의 두 사람 정도였다. 中村武羅夫는 「본격소설과 심경소설과」(『新潮』대정14년 2월호)에 있어서 심경소설에 대항하여 「본격소설」을 주장하고 있었는데 전자는 결코 소설의 本道에 있는 것이 아닌 이유를 논하면서도 그러나 상식론의 영역을 벗어나지를 못한 것이다. 그것은 작가가 자신의 일에만 고집하여 자기의 신변사를 그리는 것에 만족해버린다는 惡傾向에 대한 공격이어서 사소설 그 자체 심경소설 그 자체의 본질에 대한 이론적인 부정은 아니었다. 그것보다도 오히려 심경소설을 우선 인정한 위에서의 「본격소설」의 주장이기도 하였다. 生田長江는 이미 전 해의 『新潮』에 「일상생활을 편중하는 惡傾向을 논해서 수필, 심경소설 등의 諸問題에 미친다」를 내걸고 심경소설의 반대론을 전개하고 있는데 그것도 상식론에 시종하고 있었던 것이다.

그밖에는 이렇다 할 부정론은 나타나지 않았다. 과연 久米만한 철저한 주장자도 없었지만 모든 논자가 조건부여의 차이는 있어도 사소설 또는 심경소설을 긍정하고 지지한 것은 주목해야 할 현상이라 말하지 않을 수 없었다.

宇野浩二의 『「私小說」私見』만 보더라도 본격소설을 인정한 위에 심경소설 支持說이었다. 그것에 의하면 심경소설이라는 것이 「사소설이 진보한 것」인데 일본인이 쓴 어떤 뛰어난 본격소설일지라도 葛西善藏의 심경소설에까지 도달하였던 것은 하나도 없었다. 『湖畔手記』나 『弱者』는 東西文学 중에서도 독특한 것이라 치더라도 소설이 이 정도의 높이, 이 정도의 경지에까지 도달할 수 있다면 다른 많은 여타 소설의 경우 어떠한 의미에서 통속소설이라 칭하여도 괜찮다고 전하고 있다. 분명히 久米에 대해 동조를 보인 것이라 해도 좋다.

대략 당시의 작가, 비평가로 어떠한 형태로든 이 문제에 대해 언급하지 않았던 사람이 없을 정도였다고 해도 과언이 아니다. 대정15년 6월이 되어 『新潮』가 「심경소설과 본격소설의 문제」라는 특집호를 내고 있는 것만 보더라도 이 문제가 용이하게 사라지지 않은 이유를 말하고 있는 것이다.

그 위에 기성문단 중에서는 심경소설에 대해서 이렇다 할 강력한 부정론은 끝내 나타나지 않았다. 『新潮』 특집호에는 德田秋声, 田山花袋, 藤森成吉, 正宗白鳥, 千葉亀雄, 近松秋江, 生田長江가 발표하고 있었는데 부정론이라 본 것은 生田長江뿐이었다.

> 심경소설이 상식(문예상의 상식도 포함해서)의 그 이상의 아무것도 아닌, 그리고 나쁜 의미에서 눈치가 빠른 사이비 예술가 등에 대해서 너무나 구색만 번지러한, 그리고 너무나 기피하기 좋은 장소이든가 어떻든 간에 그것을 대단히 세련된 것, 멋진 것, 예리한 것, 프로 중의 프로만이 이해할 수 있는 대단한 물건과 같이 생각해서 또한 그러한 것에 부족한 것이 아니라고 생각하여 일본고유의 취미 전통을 회복시킨 물건으로서 포즈마저 취하려고 하는 것은 너무나 「예술」과 「일본」에 대한 존경을 훼손하는 사태이다.

이와 같은 정도였기 때문에 심경소설 그 자체에 대한 이론적 부정은 아니었다.

德田秋声는 「예술 수행으로서는 심경으로부터 들어가서 많은 객관세계로 빠져나가는 것이 필요하다」고 말하고 있는 바와 같이, 심경소설로부터 개관소설에로 문학수행 상의 연속적인 단계로 생각하고 있는 것을 알 수 있다.

田山花袋도 또한 「좀더 어디까지나 심경적인 펜을 본격적으로 이용해달라고 말하고 싶다. 그렇지 않으면 지금까지 오랫동안 노력하여 공부한 펜이 아무런 도움도 되지 않기 때문이다. 동양적 함정에 빠져 작게 되기 때문이다」고 말하고 있는 곳을 보면 德田秋声와 거의 같은 의견인 것처럼 생각된다. 즉 秋声식으로 말하면 객관소설, 花袋식으로 말하면 본격소설을, 심경소설보다도 우위에 두고 양자 사이에 수행상의 단계를 의미하고 있는 것 같다.

그러나 동시에 「역시 어떻게 본격과 심경이 일치하는가 하는 것이 제일의 문제가 되는 것 같다. 즉 바꾸어 말하면 주관과 객관의 交錯에로 향한 일대 세력이 아니면 안 된다」고도 말하고 있다. 이것에 의하면 본격소설과 심경소설의 구별을 원칙적으로는 인정하고 있지 않는 것밖에 생각할 수 없다. 이 점에서 「나는 아무래도 본격소설, 객관소설이라 말하기에는 소위 심경을 간과할 수 없는 것이라고 생각한다」고 말하고 있는 藤森成吉도 똑같은 생각이라고 봐도 좋을 것이다.

『黑髮』이나 『疑惑』의 작자로서 전형적인 사소설 작가로 지목되고 있는 近松秋江가 「나는 본격이라든가 객관이라든가 자신과 거리가 있는 타인의 생활을 오직 객관적으로 취급하여 그곳에 인생의 어떤 의의를 나타내려고 하는 것이 본래의 바램이다」고 말하고 있는 것은 흥미로운 데가 있다.

소화2년 3월호의 『中央公論』에 佐藤春夫의 『「心境小説」과 「本格小説」』이라는 평론이 나왔다. 그것에 의하면 심경소설을 규정해서 「대단히 변태적이기 때문에 그 취지도 또한 변칙적인 美觀이다. 오히려 그것은 抒情 대신에 심리묘사를 가지고 만든 詩라는 쪽이 적절한 것처럼 생각한다」고 말하고 있다. 그리고 왜 심경소설이 이와 같이 왕성했던가 하는 이유로서 일본 작가의 실생활에 기초했기 때문으로 보고 있는 것이다.

일본 작가는 거의 25살부터 30살까지의 사이에 일개의 작가로서 대두하는 것이다. 더구나 대부분은 중산계급의 자제라 해도 좋을 것이다. 기껏 학교생활과 연애생활과 그 위에 詩的 공상과 또한 자기 반성적 심리해부 같은 것들이 이와 같은 문학의 기본적인 요소가 되고 있다는 것이다.

그러한 곳으로부터 다음과 같이 결론을 내리고 있다.

나는 「심경소설」의 융성을 우리들 청년작가의 어쩔 수 없는 다산과 생활적 협애함과 또한 무의식의 偷安으로부터 오는 조로와 그러나 아직 마멸되지 않고 남아있는 재능과의 기묘한 혼혈아가 아닌가 하고 생각하는 것이다. 나의 관찰은 너무나 내 자신을 가지고 他를 유추하는 것에 지나지 않을까. 어쨌든 소위 심경소설은 너무나 개인적이고 동시에 심리에만 시종하고 있어서 그렇게 해서 미묘한 음영만을 추구하는 것을 보고 나는 이것들의 소설작품을 조로자의 詩라고 생각하는 것이다. 또한 芥川龍之介氏가 요즘 발표한 곳의 소위 줄거리가 없는 소설의 說도 일개의 신시대의 俳文이라고도 칭해야 할 것으로 이것도 또한 너무나 조로적인 낭만주의의 일면이 아닌가 하고 생각하고 있다.

대단한 심경소설 논의 속에서 佐藤春夫의 이상의 說은 더욱 투철하고 정확한 견해였다고 볼 수 있다.

이상에 의해서도 분명한 바와 같이, 본격소설이라 말하든 심경소설이라 말하든 그것들이 의미하는 개념 자체가 극히 애매하다는 것이다. 심경소설에 본격소설과 대립시키는 것에 의해 단순히 심경소설에만 있는 것이 아니라고 하는 것은 너무나 막연한 것이다. 사소설적 또는 심경 소설적인 고백소설에 의한 본격적인 작품이 세계 문학 속에 결코 적은 것이 아니다. 본격소설과 객관소설이 같은 것, 또는 그것에 가까운 것으로 이해되고 있는 것도 앞의 여러 평자들의 말에 의해서도 분명하지만 객관소설 즉 본격소설이라는 것은 무조건 통하는 것은 아니다.

이러한 애매한 개념용어를 가지고 아무리 논의해 본들 바른 논의가 될 수가 없다는 것은 오히려 당연한 것이다. 그런 것보다도 소위 심경소설이라는 것이 현대의 문학으로서 어떤 의미를 가지고 있는가에 대해서 이론적으로 파고들어 고찰을 내린 것이 거의 없었다는 것은 지금 생각해 보아도 이상할 수밖에 없다는 것이다. 그것은 그러한 곳에 당시 문학사조의 경향이 여실히 나타나고 있는 이유이다. 단지 正宗白鳥는 다음과 같이 말하고 있다.

> 환상을 불태우기에는 현실의 장작을 계속해서 지펴야만 한다. 단테의 공상에는 현실의 불꽃이 타오르고 있었다. 공상의 소산다운 부처나 신에게도 과거 인류 생존의 환희나 고민이 깊게 각인되고 있었던 것이다. 서유기, 수호전에는 일기소설보다도 인간 현실이 강렬하게 나타나고 있는 것이다. 오늘날의 소위 심경소설이 되는 것에 너무 구애받으면 인간도 예술도 차츰 무너져버릴 것이다. 그러나 요즘 문단에 시끄럽게 만든 심경소설 비난의 소리에 유인되어 본격소설을 사려도 없이 날조하려고 한다면 크게 실패할 것이다.

이상과 같이 그가 말하고 있는 것은 隨想 풍의 발언이기는 하지만 앞의 佐藤春夫와 함께 정확히 이 문제의 존재를 지적하고 있는 것처럼 생각된다.

대정13년 무렵 시작된 사소설 논의가 이와 같은 끝없는 형태로 소화 2년 무렵까지 계속되었고 그것과 겹쳐서 谷崎의 『饒舌錄』이 나오기 시작하고 나서였기 때문에 심경소설과 본격소설을 병렬적으로 생각하고 있던 논자들의 의표를 찌른 감이 있었다.

『饒舌錄』의 필자에게는 심경소설과 본격소설의 優劣이라는 문제는 원래부터 안중에도 없었던 것이다. 谷崎는 단지 소설에 대한 자신의 好惡을 거리낌 없이 토로한 것에 지나지 않았다. 그 결과 久米正雄의 주장과는 완전히 대조적인 소설론의 전개가 되어 버렸다. 久米이든 谷崎이든 가령 이론적인 뼈대는 다를지언정 뒤로는 회피하지 않겠다는 개성적인 단정이었던 만큼의 강력한 발언이었다. 다른 사람들이 어떻게 생각하던 자신은 「사실을 있는 그대로 재료로 삼은 것이나 그렇지 않으면 写実的인 것은 쓸 기분이 일어나지도 않고, 읽을 기분도 들지 않는다」고 할 정도였기 때문에 심경소설이냐 본격소설이냐 또는 사소설이냐 객관소설이냐 하는 일반론은 谷崎에게 있어서 대상 밖의 문제였다. 자신의 취미가「솔직한 것보다 비뚤어진 것, 순수한 것보다 심술궂은 것, 될 수 있는 대로 細工이 들어간 것」을 좋아하게 되었고「이것은 혹시 좋지 않은 취미일 수도 있겠지만 그렇게 되어온 이상은 도리가 없다」는 것이기 때문에 옆에서 가타부타 참견할 필요는 없다고 본다는 것이다. 久米가『전쟁과 평화』나『죄와 벌』조차도 통속적인 작품으로 본 것에 대하여 谷崎는 일본에서는 中里介山의『大菩薩峠』, 서양에서는 죠지·무어의『엘러이즈와 아베릴』과『유릭과 솔라』, 스탕달의『파름의 僧院』과『카스트로의 여승』을 세계 소설의 대표작으로 꼽고 있기 때문에 흔한 심경소설, 본격소설에 대한 상식론을 가지고 언급하려고 하지 않았던 것이다. 바로 앞의 正宗白鳥의 의견과 공통적인 것이 보일 뿐이다.

谷崎의『饒舌録』이 발표되자『新潮』2월호의 창작 合評에서 芥川龍之介가 이것에 언급하면서 감상을 서술하였다. 그것이 계기가 되어 수차에 걸쳐 양자의 논쟁이 시작되었던 것이다.

『新潮』합평회에서의 芥川의 말은 반드시『饒舌録』의 谷崎를 비평하려고 한 것은 아니었다. 우연히 그것에 언급하게 되면서 芥川 자신의 심경을 말한 것에 지나지 않았다. 당시의 芥川는 초기부터 중기에 걸쳐 소위 왕조물, 키리시탄물, 개화물이라는 작품군을 발표하고 있었다. 기교적이고 작위적인「스토리」본위의 작풍에 스스로 반감을 느끼고 있었고 그 대신에 눈에 띄는 스켓치나 心象物 풍의 소품 등을 좋아해 그리게 되었는데 작풍에 근본적인 변화가 나타나기 시작한 시기였다.「예술적 활동은 의식적이다」고 하여 기교파, 이지파로서의 비난에 직면하였던 신진작가 시대의 芥川였는데 그는 이 무렵이 되어 10년 전의 이 말을 취소했다. 그리고 예술의 무의식적인 경지를 좋아하였고, 스토리다운 스토리가 없는 소설, 예를 들면 志賀直哉의 『焚火』와 같은 작품에 존경과 선망을 가지게 된 것이다.

『饒舌錄』은 그러한 芥川와는 반대의 주장이었던 만큼 스스로 합평회의 발언이 된 것이다. 芥川에 의하면 谷崎는 기발한 줄거리라는 것에 너무 구애받고 있는 소설을 발표한다는 것은 그러한 것이 아닌, 줄거리의 재미와 예술적 가치와는 다르다는 것이라는 것이다.

谷崎는 연재중의 『饒舌錄』에서 곧 이것을 예로 들면서 芥川를 반박했다.

> 줄거리의 재미는 바꿔 말하면 사물의 조립방법, 구조의 재미, 건축적 아름다움이다. 여기에 예술적 가치가 없다고는 할 수 없다. (재료와 조립과는 또한 스스로 다른 문제이겠지만) 물론 이것만이 유일의 가치가 아닐 수도 있겠지만 대략 문학에 있어서는 구조적 미관을 가장 많이 가질 수 있는 것이 소설이라고 나는 믿는다. 줄거리의 재미를 제거하는 것은 소설이라는 형식이 가지는 특권을 버리는 것과 같다. 그렇게 해서 일본의 소설에 가장 결여되어 있는 것은 이 구성하는 힘, 여러 가지 들어가 있는 스토리를 기하학적으로 조립하는 재능에 있다고 생각한다.

또한 그는 말하기를 「芥川군 자신의 경우는 모르고 있었겠지만 나는 옛날부터 단순한 생각으로 창작할 생각은 없었다」.

谷崎에 응답할 의도를 겸해서 芥川도 같이 『改造』에 문예 隨想 『문예적인 너무나 문예적인』이라는 연재물을 시작했다. 芥川는 우선 「나는 스토리다운 스토리가 없는 소설을 최상의 것이라고는 생각하지 않는다」고 말하고, 「엄밀히 말한다고 하면 전연 스토리가 없는 곳에는 어떠한 소설도 성립하지 않을 것이다. 따라서 나는 스토리가 있는 소설에도 물론 존경을 표하는 것이다」고 말하고 있다. 더구나 그는 「그러나」 하고 사양하면서 계속한다. 「그러나 어떤 소설의 가치를 결정하는 것은 결코 스토리의 장단점이 아니다. 스토리의 기발함인가 기발하지 않는가 하는 것은 평가 밖에 있는 것이다」. 여기서 그는 또한 다음과 같은 단서를 첨가하는 것을 잊지 않고 있다. 「谷崎潤一郎씨는 그 사람도 알려진 대로 기발한 스토리 위에 선 다수의 소설을 발표하는 작자이다. 그 또한 기발한 스토리 위에 선 同氏의 소설 몇 편인가는 아마 百代 후에도 길이 남을 것이다. 그러나 그것은 반드시 스토리의 기발함인가 어떤가에 생명을 걸고 있는 것과는 다른 것이다」.

이상과 같이 몇 겹이나 변명 같은 말투를 이은 위에 정작 자신이 말하려고 한 것은 다음과 같은 것이었다.

> 스토리다운 스토리가 없는 소설은 물론 신변잡기를 그리는 소설만은 아니다. 그것은 모든 소설 속에 가장 詩에 가까운 소설이다. 더구나 산문시 등으로 불려지고 있는 것보다 훨씬 소설에 가까운 것이다. 나는 세 번이나 되풀이하면 이 스토리가 없는 소설을 가장 최상의 것이라고는 생각하고 있지 않다. 그러나 만일 「순수한」이라는 점으로부터 보면—통속적 흥미가 없다고 말하는 점으로부터 보면 가장 순수한 소설이다.

계속해서 그의 직접 谷崎에의 응답은 이러하다.—일본 소설에 가장 결여되어 있는 것은 구성력, 조직된 스토리를 기하학적으로 조립할 수 있는 재능이라는 谷崎説에 찬성하는 것은 아니다. 일본인은 『源氏物語』가 나왔던 옛날부터 이러한 재능을 갖추고 있었다. 단순 비교하여 현대의 작가를 보더라도 泉境花, 正宗白鳥, 里見弴, 久米正雄, 佐藤春夫, 宇野浩二, 菊池寛들을 헤아릴 수 있다. 더구나 그것들 속에서 특히「여전히 이채를 띠고 있는 것은 『우리들의 형』 谷崎潤一郎씨 자신이다. 나는 결코 谷崎씨와 같이 우리들 동해 고도의 사람들에게 구성하는 힘이 없다는 것을 슬퍼하고 있지 않다」.

그래서 결국 이 선배에게 바치려고 하였던 것은 다음과 같은 말이었다.

> 내가 내 자신을 편달함과 동시에 谷崎潤一郎씨를 편달하고 싶다고 생각하는 것은 (중략) 그 재료를 살리기 위한 시적 정신의 여하이다. 혹은 또 시적 정신의 深淺이다. (중략) 내가 谷崎潤一郎씨에게 바라고 싶은 것은 필경 이 문제뿐이다. 『刺青』의 谷崎씨는 시인이었다. 그러나 『사랑하는 것이야말로』의 谷崎씨는 불행하게도 이러한 시인과는 거리가 먼 것이었다. 『대단한 친구여, 그대는 그대의 길로 가라.』

谷崎가 주재하는 소설의「구조적 미관」에 芥川는「시적 정신」을 대비시켜 생각한 것으로 봐야 할 것이다. 그렇다고 해서 그 핵심적인「시적 정신」이 그가 말하는「스토리다운 스토리가 없는 소설」에만 의존한다고 단언할 정도의 것은 아니었다. 근본적으로 그가「스토리다운 스토리가 없는 소설」따위를 말하기 시작한 것도 스토리가 있는 소설밖에 쓸 수 없었던 또는 쓸 수 없었던 자신에게 만족하지 못하고 무의식중에 이루어지는 경지를 바라고 있었을 때였기 때문이었음에 틀림없다는 것은 전술한 대로이다.

그러나 자신에게 불안감을 느낀 적이 없었던 谷崎의, 이것에 대한 응수는 통렬한 것이었다. 우선「나에게는 芥川군의 시적 정신 운운의 의미를 잘 모르겠다」고 말하고,「나는 그와 같이 좌고우면하고 있는 군이 과연 나를 편달하고 있는지 어떤지는 의심스럽다. 적어도 내가 편달받아야 한다는 것에 대해 역시 사양하고 싶다」고 강하게 되받아 쳤던 것이다.

  芥川는 여기에 대해서 『재차 谷崎潤一郎씨에게 응답하다』를 썼는데 그것은 무엇을 반박하고 무엇을 주장한다는 것이 아니라 단순한 의뢰적인 것에 지나지 않았다고 설명하였다. 이것이 발표된 것은 『改造』의 소화2년 6월호였고 芥川가 자살한 것은 그 다음 달이었다. 이 논쟁도 문제를 어떤 식으로 해결해 갔던 것도 아니었고 또한 물론 무엇 하나 해결된 것도 없었다. 어디까지나 양자의 작가적 소질을 선명하게 드러낸 것에 불과하였던 것이다.

  지금까지의 사소설 논쟁에 관해 간단하게 다시 총합적으로 정리하면 다음과 같다. 먼저 그 개요는 관동대지진 이후부터 소화 초에 걸친 사소설·심경소설과 관련되는 논쟁을 일컬어 말한다. 「「혁명의 문학」과 「문학의 혁명」을 지향하는 이 파에 협격 당하고 있던 旣濟 문단의 내부로부터 소설이념을 둘러싼 문제제기나 진지한 성찰의 소리가 들려왔다」(山田昭夫)는 것이 사소설·심경소설 논쟁인 것이다.

  그 최초는 中村武羅夫의 「문학자의 사회의식―본격소설과 심경소설―」(『新潮』대정13년 1월)이다. 中村는 「심경소설이지 않으면 소설이 되지 못하는 것과 같은, 현재와 같은 반대로의 세계」라 하면서 사소설적 경향을 비판하고 본격소설을 옹호했다.

  生田長江도 「일상생활을 편중하는 악 경향을 논하여 수필, 심경소설 등의 제 문제에 미친다」(『新潮』대정13년 7월)에서 中村에게 찬의를 표했다. 이것에 대해서 심경소설의 명명자라고 스스로 자임하고 있던 久米正雄는 「『私』小説과 『心境』小説」一, 二(『文芸講座』文芸春秋社, 대정14년 1~5월)에 있어서 사소설이야말로 예술의 본령이고, 본격소설은 통속소설이라 결정지었다.

  芥川龍之介는 「『私』小説에 대해서」(『不同調』창간호, 대정14년 7월)

를 발표하고 이와 같은 久米論을 비판하면서 분석했다.

그것은 藤沢清造에게 비판(「낮잠으로부터 깨서」대정14년 8월)을 받게 되면서 「藤沢清造군에게 대답하다」(대정14년 9월)를 집필하게 된다. 그 위에 「『私』小説論 小見―藤沢清造군에게―」(『新潮』대정14년 11월)를 발표하고 久米論을 비판했다.

한편 宇野浩二는 「『私小説』私見」(『新潮』대정14년 10월)에서 본격소설을 인정한 위에 사소설의 문제점을 지적하면서도 또한 사소설에 대한 유효성을 주장하였다.

佐藤春夫도 「『心境小説』과 『本格小説』」(『中央公論』소화2년 3월)을 발표하고 심경소설을 정확하고 예리하게 비판했다.

이상과 같이 소화 초기까지 꼬리에 꼬리를 물었던 사소설(심경소설) 논쟁도 결국은 대국에 있어서 애매한 채로 종식하였다.

「본격소설이든 심경소설이라 하든 그것들이 의미하는 개념자체가 극히 애매하다. (중략) 이러한 애매한 개념용어를 가지고 아무리 논의해 본 들, 바른 논쟁이 될 리가 없는 것은 당연할 것이다」(臼井吉見)는 견해도 있다.

확실히 사소설이라는 문학용어가 성립하기 이전에 사소설은 무자각적으로 쓰여지고 있었다. 그러나 그 사소설이라는 일본 독자적인 문학 형태를 자각적으로 포착하려 하려 하였다는 사실 자체는 사소설론에 큰 전환을 가져온 것도 사실이었다.

원래 일본인은 事実을 좋아하고, 허구를 싫어하는 경향이 있었다. 宇野는 이러한 사실에 근거로 하면서 「『私』라는 말이 문장에 가장 많이 사용하게 된 것은 田山花袋 이래의 일이기」는 하지만, 그 『私』가 아니고 『自分』이 사용되어진 白樺派가 아닌가 하고 생각하고 있다」고 논했다. 이 시점은 후에 平野謙의 그것과 공통하는 면이 있었다.

佐藤春夫는 심경소설에「성격의 묘사와 문명비평」의 欠落을 지적하였는데 후에 小林秀雄의『私小說論』에 의해서 보다 정연한 公理로 정리되었다.

  이와 같이 사소설(심경소설) 논쟁은 애매 모호하게 종식된 감이 있었다. 그러나 일본만의 독자적인「사소설」론으로 발전해 가는 눈에 띄는 전환을 가져다 준 것은 평가할 만한 하다고 할 수 있다. (宮坂覚,「私小説論争」참조)

8   신감각파 논쟁

 신감각파 논쟁의 동태를 분석하고 그 문학사적 의의를 검토하는 것은 문제 시각의 여하를 불문하고 일본에 있어서 모더니즘 문학의 전체상을 특질과 한계에 있어서 통일적으로 해명하기 위해 필요 불가결하다. 그러한 전제조건이 있음에도 불구하고 소화문학사의 기조·동향을 근원적으로 검토하고 그 본질규정을 시도하기 위해서도 결정적인 가치를 가지는 문제영역이기도 하다.
 「文芸時代」는 대정12년 10월 伊藤貴麿·石浜金作·川端康成·加宮貴一·片岡鉄兵·横光利一·中河与一·今東光·佐々木味律三·十一谷義三郎·菅忠雄·諏訪三郎·鈴木彦次郎를 동인으로 하고, 金子洋文·牧野信一·犬養健를 집필 협력의 약속자로서 창간되었다. 제2호부터는 岸田国士·南幸夫·酒井真人, 대정15년 3월호부터는 三宅幾三郎·稲垣足穂가 동인으로 참가(今東光는 대정14년 5월에 탈퇴)하였다. 소화2년 5월 「마감일이 지나도 원고가 모이지 않는다. 그 때문에 거의 침식을 잊고 돌아다녔다. 몇 번이나 넘어질 뻔했는지 모른다」는 편집상태를 맞이하여 끝내 종간할 수밖에 없기까지 전 32권 간행을 보게 되었던 것이다.

주목해야 할 것은 片岡를 제외한 주요 동인의 대부분이 菊池寬이 대정12년 1월에 창간한「文芸春秋」의 편집동인이었다고 하는 사실로부터 그 즈음 문단 정치의 정세분석에는 예를 들면 川端의「문예시대와 문예춘추」(読売新聞, 대정13년 10월 3일, 5일, 7일)나 今東光의「문예춘추의 무례」(新潮, 대정13년 12월) 등의 논조의 조응이 필요했다. 당시의 대표적인 견해의 하나로서 橋爪健는「『文芸春秋』功罪論」(読売新聞, 대정13년 9월 21〜23일)에 있어서「종래의 문예 爛熟의 한 정점」이라고 평가하고 있었는데 결국 문예춘추는「구문예 에피고넨(아류 모방자)의 최후의 한 喚声이고, 유종의 一美이다」고 규정하였다. 그「존재 이유에는 세미・코론을 판연한 피리어드로 다시 쓰는 것이「문예시대」의 하나의 책임」이라 하였고, 同誌가「신진작가의 대동단결에 의해 한 菊池뿐만 아니라 기성문단에의 어떤 종류의 도전을 하고 있다고 보인다면 우리들은 그 장래를 기대해야 할 것이다」고 서술하고 있다.

덧붙여 菊池 자신은「새로운 주의 사상을 가지고 있지도 않고, 기성 문단에 맹종해서는 안 된다는 것은 신구 시대의 차이로부터 오는 단순한 감정의 반항이다」(「8월의 新潮・합평회, 창작과 문단사정」대정12년 10월)고 주장하고 있었다. 또한 川端의「篝火」(新小説, 대정13년 3월)에 대한 尾崎士郎나 金子洋文의 과대 평가와 宇野浩二・中村武羅夫의 과소 평가, 이러한 대립이「신진문단과 기성문단의 예술적 가치판단의 차이에 기인」하고 있다고 한다면 그것이 과연 유익하다고 할 수 있겠는가. 따라서 이러한 것을 예로 들면서 실제는 현재의 문예비평이 그 동기에서의「合評도 月評도 —영주 시녀의 동료에 대한 보복적 명예훼손 이외의 아무것도 아니다」(「네 개의 우연」대정13년 6월)고 주장하는 것에 대해 항의하고 있는 것이다.

  그 위에 신감각파 논쟁의 성립을 둘러싼 사적 전제를 필연적인 형상 하에 고찰하는 위에 극히 교훈적이라 할 수 있는 橫光의「시대는 선회하면서 감각을 진화해 간다. 진화하는 것은 시대가 아니고 시대감각인 것이다. ─미래의 어떠한 문학도 ─시대감각을 통한 상상력이어야 한다」(「시대는 放蕩한다─계급문학자 여러분에게─」文芸春秋, 대정12년 1월)는 인식이 있었다. 그리고 또한 川端의「지진이 기성문예의 종점이고, 신문예의 기점이 되고 있는 것은 확실할 것이다. 지진전파, 지진후파라는 식의 말이 생겨난 의미가 생길지도 모른다. 그리고 우리들은 이것을 계기로 하여 더한층 노골적으로 대담하게 기성문단에 대한 불만을 서술하고, 신문학에 대한 요구를 분명한 형태로 제창해야 할 것이다」(「余燼文芸의 작품」時事新報, 대정12년 21~30일)고 주장하는 의미를 유의해야 할 것이다.

  신감각파 논쟁의 서막은 千葉龜雄의「신감각파의 탄생」(世紀, 대정13년 11월)이라는 문예시평에 의해 시작된 것이었다. 그것은「人間」파─신기교파와 室生犀星의 관능적 세계와의 발전적 합성이고, 그 지배적인 경향성의 특질을 가지고 있는 감각이라는 것이 오늘날까지도 어떠한「감각 예술가보다 훨씬 새로운 어휘와 시와 리듬의 감각으로 살리고 있다」고 예리하게 통찰하고 있다.

  이러한 일본의 신감각파 탄생에는 폴・모랑의「신감각의 예술」에 대한 예찬자가 국제적으로 급증해 갔던 것이 어떠한 암시를 주고 있다고 추정하고 있다. 신감각파가 문단의 주조가 될 수 있는 가능성에 대해서는 신중하게 의문을 던지면서도「문단이 움직이고 있는 하나의 징후」라고 진단하여, 문예시대의 활동에 호의적인 기대를 보이고 있었던 것이다.

千葉는 이미 「예술로 나타난 근대도시」(『번민의 근대예술』, 表現叢書3, 대정12년 1월)에 있어서 「낡은 전통과 새로운 혁명의 劍尖이 가장 격렬하게 혼재한」 근대도시의 예술적 諸相을 고찰하고 있었다. 마리네티의 미래파 선언에 대한 의의나 표현주의 발생의 필연성을 평가하고 있다. 그러는 한편, 「지진과 문화적 영향」(『改造』大震災号, 대정12년 10월)에 있어서 「일국의 언어는 미묘한 국민심리를 지배하는 중요한 요소이고, 개인 생활을 지배하는 중요한 사상적 전기」임에도 불구하고, 지진을 기축으로 문장이 명치30년대에로 복귀하여 반동사상이 되살아나오는 것을 우려하는 등, 시대와 문학의 신 동향에 관해 민감한 반응을 보이고 있었다. 이것은 사실 아직 자율적인 문학운동을 본격적으로 전개하고 있지 않던 신감각파 이전의 原신감각파의 가능성을 한정하고 있는 것이다. 또한 그 표현방법의 특질과 사상적 배경의 구도를 그리고, 운동의 발전방향을 선취하여 예언한 것이다. 확실히 그러한 것이 誘因의 하나가 되어 적어도 현상적으로는 신감각파의 실질적인 작품 활동이 후속해 갔다고 볼 수 있다.

논쟁의 직접적인 점화는 片岡鉄兵의 「젊은 독자에게 호소한다」(文芸時代, 대정13년 12월)에 의해 이루어졌다. 그 논지를 단순화해 보면 어떤 신진작가의 「沿線의 작은 역은 돌처럼 묵살되었다」는 표현법을 부정하고 있다. 어떤 기성작가의 비극은 「사물에 부딪혀 불꽃처럼 내면에 산화하는 포엠(영화의 수법으로 나타낸 詩)을 외면적으로 빛나게 한다」는 표현방법에 대한 필연성을 이해할 수 없다. 「과학자의 五官에 표준을 취한 写実主義에 있어서 자연주의와 똑같은 평면상에 있는 일본의 리얼리스트」의 숙명이라 할 수 있고, 또한 新旧 문학관의 대립이라고 단정하면서 기성문단에 대한 도전을 시도한 것이다.

이것에 응하여 広津和郎는 「片岡鉄兵에게 부여한다」는 傍題를 붙인「신감각주의에 대해서」(時事新報, 대정13년 12월)에서 그 신진작가는 橫光인데 그 문제의 작품이「머리 및 배」라는 작품이고, 기성작가는 宇野浩二라는 것을 독자 앞에 명백히 하고 있다. 표현법 차이에 있어서의 신·구의 대립이 아니라, 橫光 취미의 문제에 지나지 않는다고 지적하고 있다. 그것은 신감각파의 제창이나 그 대두에 있어서의 시대적 필연성에 반쯤은 공감을 표명하면서도 자신이 대망하고 있는 것은 진실로「시대감각의 긴장된 감각주의」인 것이고,「미국주의가 잡지를 점령하고 문예계에서는 통속소설이 판을 치고 있는」현상—이러한「자본주의의 爛熟이 조성한 진부한 臭気」에 대해서 신시대의 작가들이 예술적 반역을 시도하는 것이라고 강조하였던 것이다.

片岡는 곧 재차「신문학을 논한다—広津和郎씨에게 대답해서—」(時事新報, 대정13년 12월)에서 반박하였는데 방법논쟁은 불모의 형식논리를 공전시키게 되었다. 그 귀결을「広津씨 및 기성문단의 諸氏의 대부분은 인생을 2에 2를 곱하기가 4가 된다는 것은 사회주의자가 되든가, 그렇지 않으면 마르크스를 반박하는 것으로부터 인생과 사회의 해부방법에 그 활로를 찾아내는 것이 좋다」고 야유를 보냈다. 그러나 오히려 그 논조에는 벌써 그 자신의 문제 관심이 역투영 되어 있었는데, 푸시코·이데올로기의 급격한 좌경화의 위기를 예감하게 만드는 미묘한 음영마저 보이는 것이다.

다음 해 川端는「신진작가의 신경향 해설」(文芸時代, 대정14년 1월)에 있어서 신감각적 표현의 이론적 근거(부제)를「표현주의적 인식」과「다다주의적 발상법」의 시점으로부터 논리화하려고 시행하였다. 결국「다원적인 만유영혼설—主客一如主義」이라는 일종의 동양적인 신비주의의 세계에 귀착시켜 나가는 것이다.

이어서 발표된 橫光의「감각활동」(文芸時代, 대정14년 2월)은 신감각파 운동의 이론적 자율성을 확립해 나가려고 하였다. 그래서 독일 관념론이 가지고 있는 생경한 철학용어를 덧칠하여 「신감각은 그 촉발체로서의 객관이 순수객관뿐만 아니라, 일체의 형식적 가상을 포함하여 의식 일반이 가지고 있는 숙성된 표상내용도 포함된 통일체로서의 주관적 객관으로부터 촉발된 감성적 인식의 질료의 표징이고, 그 촉발된 감성적 인식의 질료는 감각의 경우보다도 신감각적 표징에 있어서 하는 것이 강하게 悟性的 활동이 역학적 형식에 따라 활동하고 있다」는 등 苦渋에 가득 찬 논리를 성급하게 전개하면서 드디어 신감각파의 생태가 「미래파, 입체파, 표현파, 다다이즘, 상징파, 구성파, 如実派」의 문학적 싱크레티시즘(習合主義)이라고 자인하고 있다. 그 논조는 기성문단이나 구 문학에 대한 이론적 도전이라 보기보다는 横光가 문체와 사상에 있어서 모더니티(근대성, 현대성)의 탐구에 고민하면서 자신의 문학 활동에 있어서의 창조적 요소를 섭취하려고 했다. 따라서 그와 같이 도입된 유럽의 신흥사조에 얼마나 열렬한 관심과 기대를 가지고 있었던가에 대한 상징적인 자기고백이라 할 수 있다. 그리고 그 역 증명이기도 한 것으로 이해해야 할 것이다.

당시 일찍이 斎藤竜太郎의 「横光利一씨의 예술」(文芸時代, 대정14년 1월) 등 文芸時代의 내부로부터 신감각주의에 대한 비판이 있었다. 川路柳虹는 「感覚」(日本詩人, 대정14년 1월)에서 「「沿線의 작은 역은 자갈처럼 묵살되었다」는 정도에 놀라고 있던」 문단의 후진 사회성에 대해 조소하고 陶山篤太郎이나 萩原恭次郎, 平戸廉吉 등의 詩가 「신감각파의 소설가 諸氏를 충분히 유도하기에 충분했다」고 말하고 포레미크(論客)를 지향하고 있었던 것도 기억해야 할 것이다.

「감각·감각파라는 것은 무엇이냐」(日本詩人, 대정14년 11월)라는 萩原朔太郎의 비판도 있었다.

신감각파 문학은 어떠한 문학의 테두리 내에서도 만일 그들이 문학을 문제로 삼고 있는 한, 공통적인 문제로 삼아야 할 것이고, 또한 하나의 확고한 정통문학 형식이다. 이 문학은 자본주의 시대라 하더라도 공산주의 시대라 할지라도 쇠멸해야 할 필요는 조금도 없다. (「신감각파와 코민테른 문학」 橫光利一, 新潮, 소화3년 1월)

신감각파의 명칭이 단순한 육감적인 문예와 혼동되어 그저 표현만을 중시하는 기교파의 후예로 오해받고 있는 개념이라고 강조한 것은 赤木健介의 「신상징주의의 기조에 대해서」(文芸時代, 대정14년 3월)인데 「신기교파라 불려지고 있던 芥川龍之介 일파로부터 탄생했다고 믿어야 하는 분위기가 있었다」고 언급하는 등 신감각파 논쟁을 재검토하는 위에서 풍부한 문제성을 던졌던 주목해야 할 논문이었다.

生田長江가 「문단의 신시대에 던진다」(新潮, 대정14년 4월)에서 전개한 고답적인 신감각파 비판도 우선 명칭이나 개념규정에 있어서의 객관적 타당성에 대한 糾問으로부터 출발하고 있다. 그 위에 더욱 문예시대의 작가들에게 선열한 충격적 영향을 던졌던 모랑의 「밤 열다」의 공죄를 고발하였다. 비얼리의 풍으로 말하면 「그대의 신을 토벌하라」는 것이라 할 수 있는데 신감각파의 한계를 규명하려고 한 것이다. 「밤 열다」에 있어서 방법상의 새로움이 결국 「직유, 의인, 연상적 암시」 등의 남용에 지나지 않았고, 俳句的 수법 「枕草紙나 西鶴物의 산문을 실어서」를 알고 있다면 경탄할 것만이 아니라고 단정하였다. 문명 비평적 시야로부터 톨스토이나 니체와 비교해서 사라져가고 있던 부르주아 데카당스 예술이 될 수밖에 없었는데, 그것은 결코 신시대의 새벽종을 알리는 신감각의 작품이 아니라고 비평했다.

대정14년 4월호의 文芸時代에서 伊藤永水가 「生田長江씨의 妄論

기타」, 稲垣足穂가 「말초신경 또한 좋다」에서 辨駁을 더하고 있었는데, 그런데 그것은 이론적 수준도 낮았고, 자기 변명적 색채가 농후하여 본질적인 논쟁의 발전은 찾아볼 수 없었다. 그러면서도 生田長江는 계속하여 「序에 좀더 새롭게」(新潮, 대정14년 5월)에서 伊藤, 稲垣 등을 「신시대」의 개구리, 傭兵, 나팔수 등으로 야유하고 있었다. 그러면 과연 그들의 언설이나 주장이나 경향은 도대체 무엇인가 하고 糾明하면서 신감각파의 본질은 요컨대 「가장 저급인 정신주의·이상주의에서 脫却하여 가장 유치한 감각주의·현실주의에 도달하고 있는 것에 지나지 않았다」고 極論하고 있다.

말하자면 전투적인 논조 대신에 창조적인 시각으로부터의 문제제기는 의외로 적었는데 다음 6월호의 文芸時代에서 伊藤가 항의하였던 「生田長江에 응수한다 기타」의 히스테릭한 怨念의 르프렌과 함께 논쟁의 성과는 별로였다. 같이 발표되었던 中村還一의 「신감각파 및 모랑의 「밤 열다」에 대해서―生田長江씨에게 던지다―」는 일찍이 橫光 문학에는 「밤 열다」가 일본에 소개되기 이전에 이미 신감각파적 요소를 가지고 있었다는 것을 「日輪」「碑文」「敵」등의 작품으로부터 구체적으로 검증하고 있다. 더구나 이러한 현상은 「파리와 동경에 공통적으로 지니고 있는 근대적 분위기 속에 조성된 문예의 새로운 기운―「신시대」의 형태를 만들어 내어야 할 하나의 요소의 발현이다」고 주장하는 등, 그 외에도 주목해야 할 견해가 많았는데 재평가하기에 가치가 있는 쟁점을 포함하여 정당한 반론이었다고 볼 수 있다.

신감각파의 논쟁의 초점은 橫光의 「머리 및 배」에 모랑의 「밤 열다」가 發動한 영향의 기능구조, 대차관계에 있어서 실태측정의 문제이기도 했다.

모랑의 일본에 있어서 최초의 수용은 극히 빨랐는데 대정11년 11월

1일 간행의 『明星』 제2권 6호에 堀口大学에 의해 訳出된 『夜開』의 終章인 「北欧의 밤」으로 추정된다. 일본어 역은 원문의 약 반쯤 정도였는데 일본에서 간행된 것은 대정11년 2월이었다. 그 해설 속에서 모랑 문체의 새로움을 보이고 있는 전형적인 표현으로서 유명했던 문장은 다음과 같이 서술되어 있다.

UN DAHLIA ENTRA DANS MA BOUCHE OUVERTE JUSQU'AU GOSIER. BATAILLBI DE FLEURS. UN JARDIN PARDIN PASSAIT L'AIR.

이와 같이 인용되었는데 「다알리아 꽃이 한 송이 내 열린 입으로 들어와 겨우 목에 멈췄다. 꽃 싸움. 꽃밭이 공중을 날았다」고 직역하고 있는 것이다.

똑같이 『明星』(대정12년 3월)에 있어서 驪人의 「폴·모랑」의 소개가 이것에 잇달았다. 完訳 『밤 열다』(OUVERT LANUIT)는 대정13년 7월 현대 불란서 문예총서의 제5권으로서 新潮社로부터 간행되었던 것이었는데 横光 문체의 형성 과정에 미친 영향은 生田長江 訳의 프로벨의 『살람보』(近代西洋文芸叢書, 대정2년 6월, 博文館)나 前田晃가 대정3년에 訳刊한 『단편 10종 킬렌드집』이 다한 역할과 함께 부정할 수는 없다.

「電鈴이 부르르 떨었다. 아스팔트 위를 여객들이 빠져나왔다. 透刻을 한 줄거리의 정상에 시그널이 받치고 있던 새빨간 과실을 시간표가 한번에 떨어져 나갔다.―카타로뉴의 밤」, 「기차가 하나씩 악수를 겹친 점에서 떨어져 나왔다. 이것이 기차로 하여금 지금까지 플렛폼에 연결되게 만들었다. 기차는 겨우 가벼워지면서 비상하듯이 달리기 시작했다. ―기차가 고딕풍의 瑞西의 정거장을 하나씩 빠져나오면서 깨어났다.

정거장의 그림 유리창은 떨고 있었다. 우리들을 태운 샴프롱 급행열차는 29분간에 걸쳐서 철제 악기의 대 연주회를 들려준—터키의 밤」 등에 있어서의 언어감각이나 발상법, 직유의 사용법, 안드레・비가 말하는 눈부시게 팔랑팔랑하는「分載法」 등은 분명히「한낮이다. 특별 급행열차는 만원인 채로 전속력으로 달리고 있었다. 沿線의 작은 역은 자갈처럼 묵살되었다」에 보여지는 전형적인 横光에 있어서 신감각파 시대의 문체 확립에 余響(echo)을 연주하게 하여 촉매작용을 발동한 것이다. 이것이 일본에서도 6개월에 8만부가 팔렸다는 사실은「밤 열리다」가 제2차 세계대전 이후의 현대문명의 다채로운 변모, 새로운 시대감각, 생활풍속, 모럴리스트를 표현하기에 가장 적절한 문학형식의 발현인 것처럼 사람들이 생각하였기 때문이다. 그러나 가장 새로운 문학은 그런 까닭에 가장 빨리 노화해 갈 수밖에 없는 운명을 지니는지 모른다.

다음 7월호의 文芸時代라는 잡지는 千葉亀雄・尾崎士郎・橋爪健・伊藤欽二・金子洋文・中河与一를 동원하여「『신감각파』의 명칭에 대해서」의 재검토를 특집으로 만들고 있었는데, 千葉는 이미 신감각파의 존재의의를 비판할 흥미를 상실하고 있었다고 말하는 등 그 반응은 당시의 문학상황 하에서의 명작가의 위상을 말해주는 자료로서 의의가 깊다. 同誌에 片岡는「신감각파는 이렇게 주장한다」를 발표하고 있었는데 그것은「구두 밑바닥에 砂利를 느끼는 것과 같이, 不斷의 치통과 같이, 수학적 불합리성을 우리들 세계에 감각하기에는 그 치통에 대해 치료도 하려고도 의도하지 않고서는 무슨 새로운 시대를 기대할 수 있겠는가. 이러한 것이야말로 현대의 지식계급을 전대미문의 불행에 빠트린 世界苦가 아니고 무엇인가」하고 제언하고 있다. 또한「마르크스도 계급의식도 부르주아의 죄악도 스스로 제2 이하의 대상세계에로 그림자화 해 버릴」신감각파 세계관을 창조해 주기를 願望하고 있다.

후에 그는 이러한 것을 회상(『文芸時代』회고 좌담회,「文芸」소화 10년 7월)하면서 文芸時代의 기조는 지식인의 마르크시즘에 대한 의식적 저항이었다고 말하고 있었는데, 그것은「文芸戦線의 프롤레타리아 문학이나 러시아적 현실에서의 작용을 거절하지 못하고 있을 수밖에 없었던」고뇌에 괴로워했던 작가의「不断의 치통」계절의 정신의 풍토가 보여지고 있는 것이다.

「文芸戦線」측으로부터의 신감각파 비판에 대한 분위기를 일별해 보자. 같은 7월호에 예를 보면 林房雄가「신시대 전망」에서 신감각파는「심장 비만과 혈맥경화에 괴로워하는 부르주아지가 문단을 매춘부로 만들게 한 기형아」에 지나지 않는다고 조소하고 있다. 青野季吉는「『조사했던』예술」에서「신감각파에 대해 기교파가 막다른 골목에 들어간 한 형태」라고 묵살하고 있었고, 平林初之輔로부터 빌린 판의 OPEN ALL NIGHT를 통독한 前田河広一朗는「폴・모랑은 滑稽 만화이다」에서 그 에로티시즘이나 코스모폴리타니즘(세계주의)을 문명병으로서 비판하였다.

시대 笑劇인『孤城落日筆合戦』에서는 広津麻雀太郎親光・中村不同調入道独斎, 千葉紹介ノ頭盛繁・横光新感覚坊覚丸 등이 등장하여「문단의 전국시대 가을의 석양」무렵에「芸術至城大広間」에 평정을 하고 깊은 상처를 남긴 横光의 언동을 통해 신감각파를 희화화하고 있는 것이다.

한편『不同調』에 의한 소위 신인생파의 신감각파에 대한 비판은 순 이론적인 문학관에 관한 대립이라기보다는「장엄한 아나크로니즘(시대착오)의 가면」하에 문단 저널리즘에 있어서 시장지배의 복권 운동적 양상이 강하였다.

橋爪健가「신감각파와 신인생파」(「진통기의 문예」読売新聞, 대정

14년 11월)에서 비판하였던 「표현양식에 있어서 능동적 정신이 사회의식, 사회감각에까지 발전해 가지 못했던 것이 신감각파의 치명상이었다. 사회감각이라는 것은 어쩌면 프롤레타리아적 감각이어서 醜汚와 반역과 혼동의 총체 속에 새로운 美를 건강한 快朗性으로 잡은 것이다. 신인생파가 개인적 감각을 부정한다는 것은 괜찮다 하더라도 이러한 사회감각에 무관심했다면 그는 끝내 모든 방면에 있어서 『신인생』으로부터 거부 받아야 할 운명이었다」고 하는 충고는 예리하여 오늘날적 감각에도 통할 수 있는 내용이었다.

같은 달의 『不同調』는 堀木克三가 「辨証」에서 正宗白鳥의 「학교의 작문을 곧 신예술로서 받아들이라 하고 독자에게 강요하는 것은 이상하다」(「문단의 현상에 대한 감상」 新潮, 대정14년 10월)는 신감각파에 대한 비판에 감격하여 文芸時代=신감각파 소설 연습장이라는 自説의 정당화를 이용하기 위하여 辨証夜郎自大的인 溜飲을 내릴 정도의 저속함이었다.

川端도 다음 12월 文芸時代의 文壇波動調에서 『不同調』는 「(프롤레타리아 문학+신감각파)÷2=신인생파 입니까, 과연.」하고 야유를 보내고 있었다.

이윽고 片岡는 「신감각파의 표」(新小説, 대정15년 4월)에서 同派의 역사나 이론을 집대성하고 있었는데 그것은 「멈춤의 르프렌」(文芸時代, 소화2년 4월)에서 최종적인 신감각파가 가져야 할 존재권리에 대한 자기주장을 행했다.

그들 일련의 논지의 저류에는 이전에 同派가 신뢰를 보냈던 선도 안내역을 다한 千葉亀雄의 「사회 감각에까지 각성하고, 그 선구의 역할을 다하지 못했다면 신감각파의 신시대는 도래하지 말았어야 했을 것이다. 가령 그것이 어쩔 수 없이 왔었다 하더라도 우리들은 그러한 것을 단지 훼손시키려고만 하는 구 예술계의 작폐들이 필연적으로 발생했을 것이고, 일종의 퇴폐분파로서 바라보는 수밖에 없었는지도 모른다」고 하는 背任같은 것에 대하여 스스로 신감각파의 명운을 주재하려고 하였던 片岡의 언밸런스의 집념마저 보이는 것이다.

자본주의 사회의 모순의 격화와 그 불안이 푸치(중산계급) 부르주아·인텔리겐차의 심리를 통해서 문학에 반영한 최초가 신감각파라고 진단하고, 현실에 대한 지배력 내지 창조적 의욕을 상실한 遊離的 푸치 부르주아의 몰락과정에 있는 문학이라고 규정한 것은 小宮山明敏(「신감각파론·무의지 前派 시대를 넘어서」 대정15년 9월 『문학혁명의 前哨』)이었다.

文芸時代는 소화2년 5월호로 폐간이 되었고, 7월 24일에는 芥川龍之介가 자살하였고 황혼의 사도였던 片岡鉄兵도 끝내 다음 3년에는 노동당에 입당하여 前衛芸術同盟에 참가하여 소위 좌경으로 전환해 갔다(「좌경에 대해서」文芸春秋, 소화3년 5월).

이상과 같이 방법론상의 문학혁명과 세계관상의 혁명문학의 주체적 통일을 지향하면서 브리단의 驢馬와 같이 신감각파는 동요하고, 분열하고, 붕괴해 갔던 것이다.

> 신감각파도 「文芸時代」도 태어나야 할 연대에 태어나서 다음의 연대를 이끌어 가는 역할을 다한 것은 당시 젊은 객기의 자신을 부끄러워하면서도 인정받고자 했던 것만은 말해두고 싶다. 문학운동으로서 浮薄하고 유치했는지 모르겠지만 어쨌든 신감각파는 존재하였던 것이다. (「신감각파」 川端康成, 일본현대문학전집 月報 97호, 講談社, 소화43년 10월)

신감각파 논쟁의 문학사적 교훈은 무엇일까. 그 계승해야 할 유산목록은 연구사적으로도 아직 확립되어 있지 못하다. 芥川龍之介는 자살하기 직전(「문예적인 너무나도 문예적인」改造, 소화2년 6월), 논쟁의 동향에 주목하면서 신감각파의 노력을 조소하는 것은 단순히 오늘날의 신감각파에 타격을 줄 뿐만 아니라 그들의 금후의 성장 상에도 「그들의 뒤에 오는 「신감각파」 작가들의 착실한 목표를 정하는 위에도 역시 타격을 줄 것이다. 그것은 물론 일본의 문예를 진보시키는 까닭」이 아니라고 총괄적인 충고를 남기고 떠났다.

한편 논쟁의 본질을 총계로 통찰하고 그 살릴 수 있는 것과 죽게 하는 것의 긴장관계의 역동감을 발전적으로 분석하는 것 없이 독단적인 인상비평으로 감각파 운동을 「관념의 붕괴에 의해 나타난 것이어서 붕괴를 붙잡은 것에 의해 나타난 것은 아니다. 그런 까닭으로 그것은 아무런 적극적인 문학운동이 아니다. 문학의 쇠약으로서 세상에 나타난 것에 지나지 않는다」(「여러가지 意匠」改造, 소화4년 9월)고 단죄하고, 그 문학사적 허상의 정착에 영향을 미쳤던 소위 신감각파 전설의 원흉에 小林秀雄가 있고 그의 横光観의 변천과 그것에 대한 横光의 문학적 반응관계는 소화문학사 상에서 극히 미묘한 의미를 가지고 있다. 그런데 신감각파의 문학운동의 사적 한계를 해명하면서 그 의의나 창조적 요소에 적극적인 문제관심을 보인 것은 伊藤整(「오늘날의 문학과 신감각파 운동」近代生活, 소화6년 3월)로서 그 시점을 발전적으로 계승하고 구체화한 것이 瀬沼茂樹의 『現代文学』(木星社書院, 소화8년 1월)에 있어서 다음과 같은 史観이다. 瀬沼는 신감각파 운동이 그 이후의 부르주아 문학의 방향을 결정짓고 諸種의 신흥문학은 그곳에 원천으로 하고 있는 것이라고 통찰하고, 그 추이과정을 다음과 같이 말하고 있다.

(一) 신감각파의 감각묘사가 그 근원적인 내면성을 잃고 단순히 감각주의・장식주의에 매몰했을 때에 그 정연한 문체는 自壊해서 현대사회상의 신기한

남녀의 풍속을 묘사하는 모델이즘 문학의 발생이 되고, 문단적으로는 소위 신흥 예술파를 통하여 신사회파 문학을 파생시켰다.

(二) 신감각파의 감각묘사가 그 지성적 기구에 있어서 정리되고, 주지적 경향을 강하게 한 경우에 주지주의 문학・기계주의 문학을 탄생시켰다.

(三) 신감각파의 감각묘사의 내면에 있어서 그 외면성을 뒷받침하고 있었던 심리묘사를 일보 추진하여 인간을 그 전 생활의식으로부터 분리하여 심리적 존재로서 생리적 존재로서 그 해체・분열에 있어서 개별적으로 극명하게 추구해 갈 때에 「의식의 흐름」「내적 독백」 등의 방법에 선 신심리주의를 발생시켰다.

이와 같이 분류하고 있다. 수정해야 할 문제점을 포함하고 있지만 어쨌든 신감각파 문학이 소화문학의 기점이라고 하는 문학사적 공식을 정식화한 공적은 瀨沼가 자랑할 만한 영광이고, 그 후의 연구성과를 집대성한 「신감각파」(「昭和文学十二講」, 初出 소화25년 12월, 改造社) 위에 佐々木基一의 「신감각파 및 그 이후」(岩波講座 「日本文学史」 제15권, 소화34년 8월)나 小田切進의 「신감각파의 문학」(文学, 소화38년 8월) 등의 업적이 개화하고 있는 것이다.

그런데 신감각파 논쟁의 의의는 일본문학이 처음으로 세계적 동시성에 있어서 현대문명의 병폐 있는 부분을 문학의 조건으로 삼고 문학혁명과 혁명문학의 기로에서 자신의 감성과 의식의 상극에 고민하는 지식인・부르주아지가 무참하기까지 드러난 인간 희극적인 문학논쟁이라는 곳에 있었다. 사실 소화기의 많은 문학논쟁이나 지식계급 논쟁의 배경에는 항상 이 논쟁이 제기하고 미해결인 채로 간과해 버린 몇 개의 과제가 원죄처럼 꿈틀거리고 있기도 하고 확대 재생산되고 있다. 「만일 이 논쟁이 없었다면」 이라는 작업가설을 세워 平野謙의 三派鼎立史観의 재검토를 둘러싼 문제 상황 속에서 신감각파 논쟁의 의의를 구체적으로 검증하려고 하는 素志는 뒤로 한 채 野間宏나 吉本隆明가 제기한 신감각파의 「문체와 사상」을 비롯하여 남겨진 문제는 무겁고 그 회오는 큰 것이다. 보다 본격적인 신감각파 연구논쟁을 대망하면서 신감각파 그 자체에 의한 신감각파 논쟁의 문제사적 소묘를 그려본 것이다.

다음은 이상과 같은 고찰에 입각하여 좀더 구체적으로 살펴보자. 伊藤貴麿・石浜金作・川端康成・加宮貴一・片岡鉄兵・横光利一・中河与一・今東光・佐々木味律三・佐々木茂索・十一谷義三郎・菅忠雄・諏訪三郎・鈴木彦次郎들의 14인의 신진작가를 동인으로 하여 대정13년 10월 창간된 것이 『文芸時代』였다.

신감각파라는 것은 同誌 창간의 다음 달 『世紀』 제2호에 수록된 千葉亀雄의 時評인 『신감각파의 탄생』에서의 그들에게 부여된 명칭이었다.

위의 時評은 『文芸時代』의 젊은 작가들의 경향으로서 기교와 관능의 중시라는 점을 지적하고 있는데 그들의 문학 특색을 논한 것이었다.

> 너무나도 좋아하여 특수한 視界의 절정에 서서 그 시야 속으로부터 숨겨진 인생의 대 전면을 投射하고, 전망하고, 구상적으로 표현하려고 하는가. 그러니까 인생의 전면을 정면으로부터 그대로 추진해 가려고 하는 것에 대해서는 우리들은 벗어날 수 없다. 그렇지만 이것은 또한 훌륭하게 이것으로 만족하는 것이다. 현실을 단순한 현실로서 표현하는 일면에, 작은 암시와 상징에 의해서 내부인생 전면의 존재와 의의를 일부러 작은 구멍으로부터 들여다보는 듯한 미묘한 태도의 예술이 발생하는 것도 자연스런 약속인 것이다. 그렇다면 왜 그들이 인생을 표현하는 것에 일부러 「작은 구멍」을 선택하지 않으면 안 되었던 것은 그들이 큰 내부인생을 상징시키기 위해 사용한 그 작은 외형은 그들이 단적으로 자극 받은 찰나의 감각의 점출에 지나지 않았기 때문이다.

그들은 오늘날까지 나타난 어떤 감각 예술가보다 훨씬 새로운 어휘와 詩와 리듬의 감각으로 살아있다는 것을 보여주고 있다. 괴롭고 경직된 기성문단의 공기 속에서 「모든 새로운 젊은 싹의 발효기」의 징후로서 그들의 움직임에 감흥을 느끼지 않을 수 없었다는 것이다.

千葉龜雄가 관심을 기울인 『文芸時代』 同人의 작풍은 이후가 되면 그대로라고 생각되어지지만 당시로서는 橫光利一 근처에 보이는 경향에 지나지 않았다. 더구나 거기까지 橫光利一가 발표한 작품이라고 하면 『日輪』 『蠅』 『碑文』 『마르크스의 심판』 『떨어진 恩人』 정도였다.

川端康成에게는 『招魂祭一景』 『林金花의 憂鬱』 『会葬의 名人』 등의 작품들이 있었을 뿐으로 이것들은 「작은 암시와 상징만이 있는 것이어서 내부인생 전면의 존재와 의의를 일부러 작은 구멍으로부터 들여다보게 하는 듯한 미묘한 태도」라고 평하기에는 반드시 어울린다고는 할 수 없었다. 川端康成에게 이러한 작풍이 강하게 나타나기 시작한 것은 대정15년 6월에 출판된 처녀 창작집 『感情裝飾』에 수록된 여러 작품들이다. 그것들은 千葉龜雄에 의해서 신감각파라고 이름이 부여된 이후, 정확히 말하면 『文芸時代』 대정13년 12월호의 『短篇集』 이후의 일에 속한다. 中河与一, 片岡鉄兵, 今東光 등에 대해서도 똑같았다. 그러니까 千葉龜雄의 명명은 그들 자신이 아직 자각한 것이 아니었다. 잠재 중의 작품을 일찍이 알아차렸던 것이라고 할 수 있다. 그러나 실정은 千葉龜雄에 의한 지적과 명명이 모색 중에 있던 그들을 고무하게 만들었고, 그런 경향이 강화되면서 나타난 것이라고 해야 할 것이다.

아직 수 개의 단편밖에 발표되지 못하였다 하더라도 橫光利一만은 틀림없는 독자적인 작풍을 보이고 있었다. 橫光利一의 관심도 아마 주로 橫光利一에 의해 재촉된 것임에 틀림없었다. 따라서 신감각파에 대한 贊否가 어느 쪽도 전부가 橫光利一의 작품들에 집중된 것도 자연스런 일이었다. 그렇다고 하더라도 그들의 지지자는 젊은 독자들이어서 소위 기성문단의 태도는 笑殺 또는 묵살의 형태를 취하고 있었다. 억지로 비평을 가하는 것과 같은 것이었다. 橫光利一의 『신감각파의 탄생』

의 다음 달에 발표되었던 片岡鉄兵의 『젊은 독자에게 호소하다』(『文芸時代』소화13년 12월)는 측면으로부터 이러한 사정을 잘 말해주고 있다.

片岡鉄兵는 여기서 「어느 신진작가」의 어떤 작품 속에서 단 一行의 문장을 취하여 이것을 좌담할 때에 비난했다고 하는 「어느 신진작가」에 항의하고 있었는데 그 비판을 독자들에게도 요구하고 있었던 것이다. 이 경우 片岡는 이 문장에서의 필자의 이름을 감추고, 단순히 「어느 신진작가」라고만 말하고 있었다. 동시에 또한 비난자의 대상이었던 그 기성작가의 이름도 들어내지 않고, 그러한 비난을 片岡에게 전했다고 일컬어지는 広津和郎의 이름만을 들고 있는 것이다. 이것은 문제의 성질상 고유명사를 사용할 필요성을 느끼지 못하는 즉 개인에 대해서 항의하는 것을 목적으로 하고 있지 않기 때문이라고 한다. 이것은 이 때의 片岡의 기분으로부터 보면 이유가 없는 것도 아니다. 「어느 신진작가」의 비난 또는 반감은 그들이 말하는 기성문단 전체의 소리를 대변하는 것이라고 생각할 수 있기 때문이다. 또한 그렇게 생각해야 할 만큼의 분위기였던 것도 부정할 수 없다. 片岡가 기성문단에 대한 항의로서 이것을 「젊은 독자에 호소」한 저변의 사정은 납득할 수 있는 것이다.

문제의 一行이라는 것은 「沿線의 小駅은 작은 돌처럼 묵살되었다」는 것을 가리킨다. 급행열차의 돌진하는 모습을 나타내고 있는 것이지만 「어느 신진작가」에 의하면 중요하지도 않는 기발한 표현법을 가지고 신시대를 誇称하는 것이라는 것이다.

우선 片岡는 말한다.

> 어느 신진작가의 이와 같은 표현에 대해서 어느 기성작가가 이와 같은 비평을 내렸다. 이 사실은 나로 하여금 스스로 참을 수 없는 웃음을 짓게 만든다.

이 사실은 나로 하여금 스스로 유쾌한 마음의 약동감을 느끼게 만든다. 이 미소와 이 약동감을 가지고 젊은 독자여! 하고 우선 부르는 오늘날 이 기회의 무슨 명랑함이냐! 젊은 독자 제군이여, 나는 오늘날 처음의 기회로서 독자에게 무엇을 호소하려고 하는 것일까? 아니 나는 오늘을 최초의 일보로서 후일 젊은 독자에게 대단한 것을 호소하려고 하는 출발을 만드는 것이다.

이러한 상태로 문제의 일행의 가치를 설명하고, 옹호하려고 하는 것이다. 그러한 시도에 그 일부를 인용하면 이렇다.

 그는 급행열차와 작은 역과 작자 자신의 감각과의 관계를 10자 속에 효과 있고 발랄하게 묘사하라고 意思한 것이다.
 효과 있고 발랄하게! 기차라는 물질의 상태를 나타내기에 감각적 표현의 그 밖의 무엇이 잘 살아나기 위한 교섭의, 가장 직접으로 하여 현실적인 전원은 감각이다. 그 밖의 아무것도 아니다.

片岡의 이러한 설명이 면면이 설명되어지고 있는데 요컨대 문제의 일행이 보이고 있는 바와 같이, 「사물에 부딪쳐서 불꽃처럼 내면에 사라지는 포엠을 외면적으로 光輝하게 한다」는 방법과 「과학자의 五官에 표준을 취한 写実主義에 있어서 자연주의와 똑같은 평면상에 있는 일본의 리얼리스트」의 방법과의 사이에 신진과 기성의 근본적인 상이가 존재한다고 하는 것이다.

片岡의 이상의 論에 대해서 広津和郎는 「片岡鉄兵군에게 던진다」는 부제를 가진 『신감각주의에 대해서』라는 一文을 『時事新報』에 소화13년 12월 7일부터 8회에 걸쳐 게재하였다. 広津로서는 片岡의 論 속에 자신의 이름이 나오고 있는 것에 가만히 있을 수가 없었던 것이라고 보인다. 그렇지 않았다면 片岡의 이러한 발언에 입을 다물고 있었지 않았을 것이다.

片岡의 논문은 대담하게 신시대의 감각적 수법을 주장하고 있는 곳에 그 용기를 인정해도 좋겠지만 그러나 핵심의 논지는 수긍이 가지 않는다. 하나의 묘사는 그것을 포함하고 있는 작품과 유기적인 관계가 있는 것이고, 그 관계에 있어서만이 의미를 가지고 있는 이상, 우선 그 작품의 무엇인가를 밝히는 것이 더 절실하다. 더구나 이 논문은 모 기성작가에 대한 반박으로부터 시작되고 있다는 것이다. 반박이 되기 위해서는 상대가 구체적으로 들고 있는 작품의 이름을 알리려 하지 않는 것은 독자에 대해서도 그 기성작가에 대해서도 바람직한 것이라고 말할 수는 없다. 이것이 広津가 말하고자 하는 바였다.

　이렇게 하여 広津는 독자를 위하여 그 신진작가는 横光利一였던 것이고, 그 작품은 『머리 및 배』라는 것이다. 그것을 비난한 것은 宇野浩二라는 것을 분명히 하고 있다. 이것은 이 경우 広津로 하여금 당연한 의무라고 생각하였던 것이다.

　그런데 이 一行의 문장을 가지고 감각적 수법이 승리하였다고 주장하는 것은 조급한 것이다. 『머리 및 배』라는 작품전체가 어떤 식으로 신시대적인 수법이 승리하였고, 주장할 수 있는지가 문제라고 생각하여 「자신은 新旧의 문제가 아니라, 그러한 표현법을 横光군이 좋아하는 곳이라고 생각하고 있다. 그리고 그 좋아하는 곳이 최근 조금 그가 편향되어 있지 않나 하고 생각하고 있는 것이다. 『무례한 거리』 등을 읽어도 그렇다. 横光군에 있어서는 지금 당장 오히려 필요한 것은 감각의 정리인 것이다」고 말하고 있다.

　　「감각적 향락」의 인생관을 내걸고 獅子吼 하려고 하기 위해서는 인생의 여러 가지 활동에 대한 좀더 깊은 고찰이 있어야 한다. 거기까지 가지 않으면 「감각적 향락」이라는 인생관의 힘은 제대로 쏟아나지 않는다. 단 그 주장 하에 모이는 것은 나태자와 생활력이 약한 인간뿐일 것이다. 피리스틴 뿐이다. 기회주의적이고 향락적인 것을 위한 변호에 군의 웅변이 도움이 되는 것은 아니다.

片岡鉄兵는 곧 広津和郎에게 응답하였다. 같은 『時事新報』에 같은 달 18일부터 연재된 『신문학을 논한다』에서였다.

그러나 그는 그곳에서 소설을 논하는 것이 아니고, 一行의 문장을 재료로 하여 감각적 표현을 알지 못하는 사람들에게 설명하고 있을 뿐이라든가, 하나의 센텐스에는 각각 독립된 필연성이 있다던가 하는 정도의 별 도움이 되지도 않는 것을 7회에 걸쳐서 논하고 있는 것에 지나지 않았다.

대정14년 4월의 『新潮』에 生田長江의 『문단의 신시대에 부여한다』가 게재되었다. 이것은 대정13년에 堀口大学의 번역으로 나온 프랑스의 전후작가 폴·모랑의 소설 『밤 열다』에 대한 부정적인 비평이었다. 이것에 의해 生田長江는 신감각파에 대해 비판을 하려고 한 것이었다. 堀口大学 번역의 이 소설의 표현기교가 신감각파의 작가들에게 강한 영향을 준 것은 주지의 사실이다. 예를 들면 이 소설에는 生田長江도 인용하고 있는 바와 같이, 「물을 흠뻑 들이마신 步道를 따라 메마른 가로수가 바람에 흔들리고 있었다」. 「입으로는 재갈을 물고, 꼬리는 벽시계가 되어 있는 습관이라는 저 짐승을……」「스프처럼 수증기가 서려 있는 저 정거장」이라는 식의 직유, 의인법, 연상적 암시가 자주 사용되고 있다. 신감각파라는 그 이름이 불려지게 된 것은 오로지 이런 종류의 표현기교에 의한 것이었다.

生田長江에 의하면 『밤 열다』 표현의 새로움에 경탄의 소리를 질렀던 것은 俳句的 표현을 모르기 때문이어서 이 소설에는 새로운 감각이라는 것은 아무것도 없다. 없을 터이다. 거기에는 근대적이고 유럽적인 것의 모든 것에 대한 어떠한 역겨움도 발견되지 않았고, 새로운 생활과 사회에 대한 어떠한 동경도 발견되지 않았기 때문이다.
그리고 이 논문의 어려움이라는 것은 이러한 것이다.

> 최후에 반복해서 말한다―이것은 폴·모랑의 소설 『밤 열다』에 대한 제멋대로의 비평임과 동시에, 일본 문단의 『신시대』에 던지는 너무나도 적절한 말인 것이다.

이상에 대해서 같은 달의 『文芸時代』에 『生田長江씨의 망언 그 밖』을 쓴 것은 伊藤水之介였다. 그러나 이렇다 할만한 論이라는 것도 아니었다. 生田長江의 所論은 너무나도 추상적이어서 새로운 시대에 걸 맞는 인간의 기분을 언급하고 있는 곳은 보이지 않는다. 톨스토이에게 「그 사상, 예술이 너무 낡았던 탓으로 존재하는 정도의 가치」로밖에 보이지 않았던 것 같다. 그러나 낡고, 새롭다는 것은 문제가 되는 것은 아니다. 시시각각을 살아가고 있는 시대인이 살았던 생활 같은 것, 기분 같은 것을 어떻게 그곳에 가치를 부여하고, 생명화해 가는 가가 문제인 것이다. 또한 거기에다가 주관을 너무 경시하였다는 정도의 항의 밖에 없었던 것이다.

生田長江는 계속해서 다음 5월호의 『新潮』에 『序에 조금 더 새롭게』를 쓰고 있었는데 그곳에서 그는 伊藤水之介들의 論에 응답하고, 재차 신감각파를 공격하기 시작했다. 그러나 대부분은 이미 논의된 것을 재차 되풀이한 것에 지나지 않았다.

> 말하자면 단순히 『美』가 감각이 되는 것뿐만 아니라 『善』도 또한 감각이 되지 않으면 안 되는 것이라는 것, 만일 『神』이 진실로 존재한다면 『神』조차

도 감각이 되어야 한다는 것을 알고 또한 믿어야 한다는 것에 대해 우리들 입장으로부터 볼 때, 자칭 『新時代』의 사람들의 언설이나 주장이나 경향은 원래부터 무엇이었던가?

겨우 『감각의 부정』을 부정하기에 이르렀던 만큼, 그들은 요컨대 가장 저급한 정신주의, 이상주의를 탈각하여 가장 유치한 감각주의, 현실주의에 도달하고 있었던 것은 아니었을까.

피상적인 관찰자는 관능적 자극과 관능을 혼동하여 강렬한 자극을 추구해가는 것이 마치 관능 그 자체의 민감함에 반응이라도 하는 것처럼 생각한다. 그리고 관능이 鈍痲된 결과, 이상한 것에, 그리고 기괴한 것을, 또는 거의 이상하게 생각되어지는 그러한 모든 것조차 요구하는 것을 마치 관능 그 자체의 감각, 그 자체의 새로움이라도 되는 것처럼 생각한다. 폴·모랑의 『밤 열다』에 보여지고 있는 감각이 만일 새로운 감각이라고 불려질 수 있다고 한다면, 무자각적이고 전형적인 속악인이라 할 수 있는 부르주아·데카당의 근대적 耽樂에 피로에 지친 감각은 모두 새로운 감각이라 불러야 할 것이다.

그러나 폴·모랑적 감각이라는 것은 아무리 그것이 비록 새로운 것이 보이지는 않는다고는 하나, 그러나 그 사람 자신의 생활로부터 우러난 실제의 감각인 것이다. 단순히 문예상의 표백수단으로서 장식되어진 것만은 아닌 것이다. 단순히 빌린 것만이 아니다.

伊藤水之介는 『生田長江에게 응수하다 그밖에』(『文芸時代』대정14년 6월호)에서 다시 항의했다. 그는 生田長江의 「새로운 것에 대한 무이해, 완고함, 고집스러움」을 재차 지적하고, 다음과 같이 단정지었던 것이다.

『밤 열다』에 대해서 나는 내 자신이 생각하는 평가를 가지고 있고, 여러 비평이 이루어질 것이라고 생각하고 있다. 그러나 그 일체를 『저급 관능』으로서 일축해버리는 것처럼, 폭력을 행사한다는 것은 生田씨를 모방하는 것일 수밖에 없을 것이다. 그 비평과 같은 것을 이해한 위에서의 비평이 아니고, 마치 이해한 것처럼 보인 무 이해 그 자체일 수밖에 없었던 것이다.

신감각파 논쟁은 그밖에 아직도 많은 것들이 추가되고 있었는데 주요한 것은 봐온 것 그대로이다.

이제까지의 논쟁 속에서 대체로 이 정도로까지 빈약하고 사려분별 없었던 것은 없었던 것 같다. 신감각파라는 외부로부터 부여된 명칭에 驚喜하고, 이것에 매달려서 기성문단의 침체로부터 벗어나려는 생각과 동시에, 프롤레타리아 문학의 압박에 대항하려고 한 신작가들의 신음은 강력한 힘을 발휘했을 것이라는 것은 어쩔 수 없었을 것이다. 인간의 존엄성을 버리는 식으로 분열한 감각의 모자이크 풍을 재구성하려고 하는 것이 신감각파의 목표였다고 해도 좋다.

따라서 거기에는 인간 해체의 고통도 절망도 보이지 않는 것이다. 거기에는 단지 이상하게 밝고 명랑한 낙천주의가 있을 뿐이다. 그 실체는 어김없이 이 논쟁에 나타난 신감각파의 쓸데없는 주장으로 단적으로 나타나고 있는 것이다. 특히 그러한 것의 대표적 논객이었던 片岡鉄兵는 広津和郎에게 응답한 『신문학을 논한다』의 결말에서 「인생을 2에서 2를 곱하는 것이 4가 되는 精進法이 이윽고 마르크스주의에 공명하게 되고, 그것은 더욱 그 방면의 실행가가 되지 못하고 끝날 것이었다면 오히려 이상한 것이다. 広津씨 및 기성문단의 諸氏의 대부분은 2에서 2를 곱하기가 4가 된다고 생각되어질 때에 사회주의가 되던가, 그렇지 않으면 마르크스를 반박할 수 있는 충분한 인생과 사회의 해부방법에 활로를 찾아내는 것이 좋다

는 것이라고 생각한다」고 하면서 갑자기 그러한 자기 자신이 「2에서 2를

곱하기가 4로 되어질 때에 사회주의(공산주의?)가 되는」 절호의 견본을 보이게 된다는 것이다.

9

문예비평 방법 논쟁

대정15년에 있어서 일본문학의 最前衛는 青野季吉였다. 広津和郎를 중심으로 하는 산문예술론이 의식적이던 프롤레타리아 문학의 진출에 의해서 촉진된 기성작가(기성작가라든가, 기성문단이라는 것은 당시의 신조어이다)의 반성에서 태어난 것으로 볼 수가 있다고 한다면, 久米正雄를 중심으로 하는 심경소설의 주장은 같은 프롤레타리아 문학에의 대항으로 볼 수가 있다.

広津和郎의 『산문예술의 위치』가 발표된 것은 대정13년 9월이었고, 久米正雄의 『사소설과 심경소설』은 다음 대정14년 1, 2월이었다. 대정15년이 되면 青野季吉는 프롤레타리아 문학의 대표적 이론가로서 정력적인 활동을 시작하고 있었다. 青野季吉의 비평가로서의 출발은 「일본문학계에도 벌써 계급 분열이 시작되어 멸망 계급의 파라사이트(기생충)들은 앞뒤가 맞지 않는 愚劣한 것을 말하고 있었다. 그러나 그들이 최후의 날을 맞이하여 어떤 비명을 지를 것인지, 뭐라고 포효할지는 흥미가 있는 일이었기도 하고, 또한 알아둘 필요도 있었다」는 서문으로 시작되는 『심령의 멸망』(『新潮』대정11년 5월호)이었다. 이것은 H · G ·

웰즈가 러시아의 볼세비스트 통치를 인정하는 취지의 논문을 발표한 것에 대하여, 부정적인 공개장을 공표한 당시 파리에 망명 중이었던 메르쥬코프스키를 격렬하게 비난한 논문이었다.

계속해서 『문예운동과 노동계급』(『新興文学』대정12년 1월호), 『조사한 예술』(『文芸戦線』대정14년 6월호), 『문예비평의 한 발전형』(『文芸戦線』대정14년 12월호), 『외재비평에의 한 기여』(『文芸戦線』대정15년 6월호) 등을 거쳐 프롤레타리아 문학운동에 있어서 역사적 평론이었던 『자연생장과 목적의식』이 발표된 것이 대정15년 9월호의 『文芸戦線』이었다.

이 논문은 레닌의 『무엇을 해야 할까』를 근거로 한 것으로 그 목적은 프롤레타리아 문학과 프롤레타리아 문학운동을 명료하게 구별하는 것에 있었다. 프롤레타리아의 생활을 그리고 프롤레타리아가 표현을 추구해 가는 곳에서 자연스레 발생하고 성장해 가는 프롤레타리아 문학에 대해서 「프롤레타리아 계급의 투쟁목적을 자각하였다. 완전히 계급적인 행위」로서의 프롤레타리아 문학운동의 성격을 분명히 한 것이었다. 이 小論이 당시 큰 반향을 불러일으켰는데 프롤레타리아 문학운동의 출발에 있어서 이론적 기초를 쌓아가야 한다는 역사적 역할을 다한 것 등은 지금에서는 도저히 상상할 수도 없었을 것임에 틀림없었다. 어쨌든 다시 말하면 대정15년에 있어서 일본문학의 최전위는 青野季吉였던 것이다.

『자연생장과 목적의식』이 담당한 역할은 대단하였다고 보여지지만 프롤레타리아 문학 내부의 문제였던 만큼 그 바깥에 있던 기성작가들의 관심을 고조시키기까지에는 이르지 못했다. 그러나 예를 들면 『신비평시대에로』(대정15년 8월 『朝日新聞』)에 있어서 島崎藤村이 『태풍』 속에서 「太郎에게 나는 본인 스스로가 할 수 있을 만큼의 밭과 논과 땔

감을 지을 만큼의 숲과 거기에 집을 만들어 주었다. 자작농으로서 출발시키고 싶다는 생각에서 여분의 것은 일체 제공하지 않을 방침이었다」고 쓰고 있다. 그곳으로부터 자작농의 현실 생활에 대한 藤村과 그 자신이 파악하고 있던 것과의 차이는 藤村은 거기에 자작농 생활의 「안정과 영속성」을 생각하고 있었음에도 불구하고, 그 자신은 「불안정과 일시성」을 생각해야만 했던 것으로부터 문예비평의 근저에 자리 잡고 있는 현실파악에 대한 대립과 투쟁을 지적하기에 이르게 되었다.

따라서 그러한 사실은 기성문단으로부터의 비난이 이윽고 青野에게 집중되기 시작했다는 것을 의미하게 된다. 그것들의 비난에 있어서 공통적인 사실은 裁斷的이라는 것이었다. 이러한 것을 青野에게 말하게 하면 이렇다. 「나는 나에게 부여된 문예작품을 오로지 유일의 견지라는 입장에서 비판한다. 즉 계급투쟁의 입장으로부터 비판하는 것이다. 부여된 작품이 그리고 있는 계급투쟁의 입장으로부터 비판해 가는 한, 그 계급가치의 결정에 있어서 裁斷的이라는 말은 자연스러운 것이다」(『문예비평의 입장에 대한 약간의 고찰』, 『新潮』대정15년 9월호).

이것보다 앞서 青野는 『현대문학의 十代 결함』(『女性』대정15년 5월호)이라는 一文을 발표하고 있었다. 예를 들면 (一) 재료가 극히 신변인상적이고, 개인이 경험한 것들이라는 것, (二) 사상이 없는 것, (三) 새로운 양식이 요구될 필요가 없는 것, (四) 일반적으로 향락적이고, 무고민적인 것, (五) 기교에 빠져있는 것, (六) 유럽 문학을 열심히 모방하는 것, (七) 독자 본위로 상품화되고 있는 것, (八) 히스테리적 경향이 있는 것, (九) 허무적인 것, (一0) 이상을 총괄해서 말하면 오늘날의 문학 세계를 변화시켜 나가려는 의지가 없는 것,—이상을 현대 일본문학의 결점을 열거적으로 지적한 것이었다.

이것은 裁斷的 비평의 견본이라고도 할 수 있기 때문에 기성문단으로부터의 반발과 비난을 초래한 것은 말할 나위도 없다.

　우선 예를 들면 戸川貞雄는 『読売新聞』(대정15년 5월 20일, 22일)에 『문예비평상이 메카니즘』을 쓰고 이것에 대해 반박했다. 戸川에 의하면 이러하다. 특정의 입장을 지지하는 비평가가 스스로의 입장에서 문예를 비평한다는 것은 당연하다기보다 어쩔 수 없는 것이다. 현대 문학이 취급하는 재료가 신변 인상적이고, 개인 경험적이라는 사실은 인정하지 않을 수 없겠지만, 심경 소설적 경향 그 자체를 그대로 현대문학의 제일 큰 결점이라고 하는 것처럼 조잡한 論에는 동의할 수 없다는 것이다. 「그것은 개인의 경험, 개인의 심경에 지나지 않는다」는 것인데, 왜 「그곳에 어느 정도의 가치가 있을 것이다」는 등으로 제멋대로 말해도 되는 것일까. 그렇다고 한다면 그것에 정말로 일본에는 현대문학이 없어질 수밖에 없다. 물론 인상비평의 변덕도 곤란하겠지만 『현대문학의 十代 결함』의 지적처럼 문예비평상의 메카니즘도 적지 않게 곤란하다는 것이다.

　그러나 青野의 『현대문학의 十代 결함』에 대한 正宗白鳥의 반발은 더욱 철저하고, 신랄한 것이었다. 『비평에 대해서』(『中央公論』대정15년 6월호)가 이것이다.

　「이것은 당당한 대 논문이다. 대충의 이론은 서있는 것이다. 많은 評家가 수긍할 것 같은 것이 쓰여져 있다. 이 비평가는 어쩌면 머리가 뛰어난 성실한 사람답게 보인다」고 白鳥는 쓰고 있다. 요컨대 青野의 論은 「발랄한 생명도 거기다가 예술미도 없는 건조한 것」으로, 또한 「어느 세상에도 통하는 공허한 비평학일 뿐」이라는 것에서 출발한 것에 불과하다는 것이다. 그는 예술의 비평에 있어서 재판소에 선 검사나 판사의 태도와 같이 위엄을 유지하고 있는 것을 보면 「골계감이 지나쳐서 공적으로 미움이 든다는 것이다」고 단언하면서 다음과 같이 계속

한다.

　비평가는 자주 현실에 입각하라든가, 現今의 世相을 보라든가 라는 식으로 말하고 있는데, 그것도 정당한 일일 수 있지만 評家 자신은 작가 이상으로 현실성이 없다는 것이다. 예를 들면 青野씨는「세계를 변화시켜라」고 말하고 있는데 이것은 일견 합당한 듯이 보이지만 공허한 말이 아닌가.「지금의 소설에 사상이 없다」고 말하는 것만으로는 교육가나 정치가나 군인들이 내리는 문학평은 너무나 아마추어 냄새가 날 우려가 있기 때문에「사회적 현상 내지 현실을 비판하고, 考究해서 얻은 일개의 생생한 관념」이 없다는 것을 말하는 것이라고 야유하면서 설명하고 있는데, 생생한 관념이라는 것은 어떠한 것일까. 현실의 인간을 생생하게 그려내는 것이라고 말하는 것이라면 그것을 나타내는 것이 문학의 기교인 것이다. 씨 자신이 싫어하는 기교이다. (중략) 톨스토이는 그러한 것에 대해서 이러 저러한 것이라고 말하고 있지만 그가 그렸던 안나에 관한 묘사는 사상을 운운하지 않아도 고금에 드물게 뛰어난 것이 아니겠는가. 레빈보다도 뛰어나다. 문학은 사상의 그림풀이가 아니다. 로망·롤랑은 어떠했을까 발뷰스는 어떠했을까 하고 말하고 있는데, 나는 이것들의 작품을 좋아하지 않기 때문에 문제 외로 삼아 투르라도 안드레프도 여러 가지 유전하는 뜬구름 같은 인간을 교묘하게 그려내었기 때문에 감동을 주는 것이 아니다. (중략) 오늘날의 志士的 비평가는 우리들의 문학을 어느 주의나 어느 사상의 선전서답게 하라고 강요하고 있다. 이러한 비평가들은 소위 馬琴을 읽고 그 권선징악주의에 감동하는 것과 같은 것이다. 馬琴의 作中에 勸懲的 비판이 노골적으로 나타나고 있는 곳을 보면 사상이 있다고 感奮하는 것과 심리상태가 같은 것을 지칭하는 것이다. 이것은 坪内박사의「小説神髄」이전의 느낌이 든다.

　青野는 곧『読売新聞』에『正宗씨 및 諸家의 論難을 읽다』를 쓰고 이것에 응했다. 青野에 의하면 戸川貞雄의 비평은 자신의 어디를 비판하고 있는지가 명백하지 않고, 그는 결국 내 자신을 예술도 알지 못하는 무지한 사람으로서 취급하고 있을 뿐으로 반박을 요할 정도의 것도 아니다. 白鳥의 비평은 이것과 비교하면 제대로 통하는 데도 있고, 논지도 알 수 있었지만 戶川의 것은 모든 면에 있어서 수긍할 수 없었다는 것이다.

　青野의 논박을 요약하면 이러하다. 만일 자신의 생각이 「어느 세상에도 통하는」 의미로 비난을 받았다면 「참다운 평론은 그 비평가가 가지고 있는 실감의 표출인 것이고, 비평가의 직접적인 체험에 근거해야 할 것」으로 생각했던 白鳥 자신의 생각도 「어느 세상에도 통하는 것」으로서 마땅히 비난받아야 할 것이 아닌가. 비평가의 실감이 살아있지 않는 비평은 원래부터 비평이 될 수 없는 것이다. 문제는 그 비평이 어느 시대에도 통용될 수 있는 것이냐 어떠냐 하는 것이 아니라, 그 비평에 살아있는 어휘가 얼마나 적절하게 그 예술에 들어맞는가 하는 것이다.

　다음에는 오늘날의 문학에 「세계를 변화시켜 가려는 의지」가 없다는 것을 비난하고 있는 것에 대하여 「일견 대단한 것 같지만 실제는 공허한 말이다」고 말하고 있다. 스스로 그러한 의지가 없을 경우에는 어떠한 새로운 의지도 대부분이 공허한 것으로 비추어질 것이다. 예를 들면 자연주의 문학운동의 표어였던 「있는 그 대로 자연을 보라」는 말만 보더라도 그런 의지가 전혀 없는 前期의 로맨틱한 사람들에게는 그것이 「일견 대단한 것처럼 보여도 공허한 말」로 받아들여졌던 것임에 틀림없을 것이다. 공허하다는 것은 그런 의지가 없는 사람들의 인식일 수밖에 없었을 것이다.

　다음에 「사상」을 흔한 의미로, 예를 들면 「교육가나 정치가나 군인」이라는 의미로 받아들인다면 원래부터 어떤 소설도 사상이 없을 것이라고 이해할 수 있다. 오히려 현대 소설에는 사상의 냄새가 나고 있다는 것이다.

　「기성품의 봉건사상, 있는 그대로 수용한 중세적 영웅사상, 그렇게 될 경우는 서양 소설로부터 전염된 채로 허무사상 등 그런 것이 어떤 때는 조용히, 어떤 때는 노골적으로 지금의 소설에 나타나고 있다. 사상이 없는 소동이 아니다」. 이와 같이 白鳥는 인생 世相을 교묘히 그려내는 것을 예술상의 입장으로 취하고 있었는데 문제는 그런 「어느 세상에도 통할 것 같은」 초보적인 곳에 있었던 것이 아니었다. 인생 世相을 교묘히 그려내기 위해 어떤 시점으로부터, 어떤 마음자세로 파악해야만 하는가가 문제였던 것이다. 어떤 명확한 입장이 없으면 인생 世相의 진상을 포착할 수가 없다. 오늘날의 사회현상의 진상을 파악해 낸다는 것은 무엇인가. 그것은 무산계급을 대변하는 입장일 수밖에 없다. 자신은 白鳥를 비롯해 많은 예술가의 작품을 읽고, 그 언설을 들었을 때 그들만이 인생 世相을 포착할 수 있을 것 같은 얼굴을 하고 있는 것을 보고 「골계감이 지나쳐서 공적으로 미움의 대상」인 것으로 생각되어졌던 것이다.

青野의 白鳥에의 반박은 이상과 같은 것이었다. 白鳥의 「私批評」에 자신의 계급적 입장에 선 객관적인 비평을 대치하려고 한 것이다. 白鳥는 『비평에 대해서』 속에서 「소설에는 신변소설이라든가, 사소설이라는 것이 발달하여 폐해를 키우는 정도가 되고 있고, 희곡 쪽에서도 『私』 희곡을 요구하는 정도인데도 비평에서는 왜 私批評이라는 것이 나타나지 않는 것일까」고 말하고 있다. 더욱 「참다운 평론이라는 것은 그 비평가가 가지고 있는 실감의 표출이라 할 수 있기 때문에 비평가의 체험에 근거가 되어야 할 것이 아니겠는가」고 말하고 있다.

이러한 의견을 가지고 있는 白鳥는 대정15년 1월호 이래 계속해서 『中央公論』에 文芸時評을 연재하고 있었는데 그 소위 私批評이라는 것을 종횡으로 전개한 것이어서 青野와의 논쟁에서 보더라도 그 일부일 수밖에 없었던 것이다. 대정15년이라는 이 전환기에 가장 정력적인 비평활동을 계속해 온 것이 白鳥와 青野의 두 사람이었다. 한쪽은 문단의 대가였고, 다른 한쪽은 신진기예의 평론가였는데 私批評과 객관적이고 과학적인 비평이 서로간에 논쟁을 교환할 수 있었던 것은 이러한 의미에서 너무나도 자연스런 형세였던 것이다.

그러나 실제를 들여다보면 青野의 반박에 대해서 白鳥는 재반박하려고 하지 않았다. 白鳥는 『中央公論』 9월호의 時評인 『青野씨, 岸田씨, 谷崎씨』에서 재차 青野에 대해서 비판을 가하고 있었는데, 그것은 전술의 반박에 대한 응수라는 의미가 아니라 같은 해 4월에 출판된 青野의 처녀 평론집인 『해방의 예술』을 막연히 대상으로 하면서 인상적 논평을 더했던 것이다. 따라서 문예비평의 기준, 태도, 방법에 대한 논쟁은 그대로 중단되어 버렸던 것이다. 白鳥는 문제를 다시 출발점으로 되돌린 감이 있었다.

「『해방의 예술』에 대해서 조금 감상을 서술하려고 하였던 것은 최근 팔리기 시작하고 있는 평론가들의 성실한 의지에 마음이 이끌렸다는 것과, 내가 오랫동안 비밀리에 간직하고 있던 어떤 쓸쓸한 사상에 대해 언급할 기분이 들었기 때문이다」는 말로 白鳥는 시작하고 있다. 그리고 青野에 대해서 세 개의 이상함을 가지고 있다고 생각한 것이다. 그 이상하다는 것은 이러하다. 青野는 「인류가 생긴 이래, 남녀가 함께 청년시기에는 반드시 다소는 가지고 있어야 할 詩가 결여되어 있다」. 「또한 천성적으로 예술욕이 약한 씨는 무용의 쓸모 없는 문학 따위에는 군침을 삼키면서 자신의 천성에 진짜로 적합한 방면으로 향했으면 좋을 것이라고 생각된다. 자기비판의 눈이 살아있는 씨가 그러한 것에 통감하고 있지 못하다는 것은 이상하다」. 이상은 그가 이상하다는 것의 하나이다.

白鳥는 계속한다. 「여러 종류의 생산사업을 일으킴에 있어서 자본가가 머리를 써서 여러 가지 획책을 하여 노동자를 혹사하여 이익의 대부분을 자신의 호주머니 속에 넣는 것은 졸렬한 짓이라고 분개하였던 씨가 예술운동을 안이하게 생각한다는 것은 무슨 이유이냐」. 이것이 그가 이상하다는 것의 두 번째이다.

그 이상하다는 것의 세 번째는 예술이 향락분자와 함께 하고 있다는 것은 너무나도 당연한 것이다. 따라서 고래로 뛰어난 예술에는 다소의 마취적 문자가 포함되어 있는 것이 당연한 것인데도 靑野는 그것들의 요소를 예술로부터 배제하려고 하였다는 점이다.

그는 이상의 세 개의 이상하다는 것을 들은 위에 二葉亭四迷를 예를 들어 「靑野씨 같은 사람도 남자 一代의 사업을 문학 이외에 추구할 마음이 일어나지 않았던가」고 말하고 있다.

이것에 대하여 靑野는 『中央公論』 10월호에 『正宗씨의 비평에 대답하여 소회를 말하다』고 제목을 붙여 장문의 반박문을 내고 있다.

이와 같이 白鳥의 論이 많던 적던 간에 반발감에 근거한 별종의 裁斷批評이라고도 해야 할 성격을 가지고 있다는 것도 부정할 수 없는 것이다. 靑野는 문제를 될 수 있는 대로 객관적으로 접근해 가면서 그 논의는 스스로 격렬한 논조를 띠게 된다.

그러나 여기서는 그것에 대한 많이 언급할 필요가 없다. 왜냐하면 白鳥가 이상하다는 것의 두 번째의 항목으로는 실제운동을 저버리고, 예술운동을 안이하게 생각하는 것에 대해 책망한 상식론에 불과하였던 것이다. 靑野에 의하면 「이제까지 수년 이래 여러 사람으로부터 이상한 여러 말을 가지고 우리들 및 우리들 운동에 비난을 가해 왔다」는 것이었다.

그러니까 靑野는 오직 이것에 정면으로부터 그 설득에 임하고 있는 것이지만 지금 그것을 새삼스레 문제로 할 정도는 아니라고 본다. 단지 靑野가 白鳥의 도전적 비평에 대해 격분하고 있었던 부분도 있겠지만,

그 반면에 소년기의 성장부터 이제까지의 반생을 고백적으로 말하고 있는 점에는 그 나름대로 마음이 끌렸던 적도 있었던 것이다.

> 나는 이전에 나의 반생의 内面史는 허무사상과의 투쟁사라고 쓴 적이 있었다. 최초 그것의 싹을 심어 온 것은 청년기의 빠른 시기에 한 순간도 손에서 떨어지지 않았던 独步의 예술이었다. 그리고 그것을 완성시켜 준 것은 正宗씨 그 사람의 예술일 수밖에 없었다. 청년기의 중기, 말기에 얼마나 나는 正宗씨의 예술로부터 받았던 감격에 의해 사회와 인생을 바라보았고, 또한 그것에 저항하면서도 허무적인 기분을 심화시켜 왔던가. 그리고 오랜 시간이 흐른 후에 재차 문학을 문제로 삼았을 때, 내가 목표로 삼았던 것은 正宗씨도 포함하여 부르주아지 문학의 붕괴를 재촉하게 만들었고, 신흥계급의 문학을 육성해 가는 것에 의해 투쟁을 격화해 왔던 것이다.

게다가「만일 내가 예술운동이야말로 사회를 변화시킬 수 있는 유일의 길이라고 暴論을 한 것이라면 동지여, 사회의 괴로워하는 사람이여, 나의 몸에 돌을 던져라. 내가 과연 예술을 논하면서 나의 일을 하고 있었다면 동지여, 세상에 괴로워하는 사람이여, 우선 나를 채찍질을 해달라」고 격렬한 말을 내뱉고 있었다.

훨씬 후의 일이 되기는 하지만『미완성 자화상』(『群像』소화25년 5월호)에서 白鳥와의 당시 논쟁을 회상하면서「내가 평론을 쓰기 시작한 무렵, 正宗白鳥는 나를 청년들에게 通有하는 청년의 꿈이라는 것이 전혀 가지고 있지 않는, 무언가 기형적인 존재나 되는 것처럼 논하면서 苛烈하게 비난했다. ……그러나 難者의 문학도 함께 존재하는 자연주의로부터 출발했던 청년인 나에게 微塵의 이해도 보이지 않았던 것이 큰 불만이었고, 憤懣의 격정조차 일어나는 것을 느꼈다」고 하고 있다. 그는 말을 계속하여「나와 같은 기형적인 청년이 출현하는 책임이 오직 자연주의 문학에만 있었던 것이 아니다. 그 책임은 어디까지나 자신에게―청년다운 꿈을 상처받으면서도 청년답게 자라지 못했던 자신에게 있는 것은 너무나 당연한 것이다. 그러나 자연주의 문학자들에게 그것을 채찍질하는 것, 가열하게 비난할 자격이 있는 것일까」하고 말하고 있다. 그것들의 말에 이 논쟁의 성격이 여실히 드러나 있는 것이다.

白鳥와의 논쟁 중에 青野는 또한 広津和郎와의 논쟁에도 뛰어들고 있었다. 広津和郎가 대정15년 5월호의 『中央公論』에 기고한 『沖縄 청년 동맹으로부터의 항의서』가 그 계기였다. 同誌 3월호에 수록된 広津의 소설 『방황하는 琉球人』에 대한 沖縄青年同盟으로부터의 항의서 전부를 広津는 인용하여 이 항의서를 합당한 것으로 받아들였고, 이후 『방황하는 琉球人』은 자신의 작품 속에서 의지를 표현한 것이 이 一文이다. 沖縄青年同盟의 항의서라는 것은 広津의 소설 『방황하는 琉球人』에 의해 沖縄県人이 세간으로부터 오해를 불식시키기 위해 나온 것이었다. 그는 작중의 주인공에 언급하면서「内地人에 대하여 도덕을 지켜야 할 필요가 없다고 말한 것에 반항심이 생긴다」든가,「만일 자신이 그러한 압박을 받는 위치에 있었다면 역시 자신도 압박자에 대해 신의나 도덕을 지킬 기분이 전혀 일어나지 않을지도 모른다」고 하는 비평을 하고 있었다. 또한 그는 「방황하는」 内地人으로서 조금도 지장이 없는, 세간의 어떤 한, 두 사람의 所業을 특히 琉球人이라는 조건하에 그리려고 한 이유가 무엇이었는지를 알지 못했다.

「제국의 남단 沖縄県은 目下 경제적 궁핍에 빠져있었고 바로 瀕死의 症狀에 직면하고 있다는 것은 여러분이 아는 바 대로」이고, 内地에 있어서는「열등민족, 미개민족으로서 일종의 차별을 받으면서 학대, 冷遇, 혹사」에 시달리고 있었다. 「이때 이러한 작품이 더구나 이러한 사실을 더욱 심각하게 생각하기에 이르렀다면 우리들 県民 同胞의 금후는 어떠한 운명을 짊어지고 가게 될까」 이상이 『방황하는 琉球人』의 작자에 대한 沖縄青年同盟이 항의하는 大要인 것이다.

　이와 같이 조리가 정연한 항의를 받은 広津는 감격하여 이것에 응답하고 있는 것이다. 작자로서는 마음속으로부터 沖縄県人에게 厚意를 가지고 同県을 오늘날과 같은 상태에 두게 만든 그런 폭력에 憤懣을 품고 있었던 것이 결과적으로 역으로 沖縄県의 사람들의 마음의 상처를 주게 되어버렸다는 것, 그런 사실을 제대로 알지 못하고 있었다는 것을 부끄럽게 생각하는 것이다. 동정이라든가, 厚意라는 것이 얼마나 제3자적이고 천박한 것인가를 생각하게 만드는 것이었다. 그리고 이런 창작을 말살하는 것을 제약하는 성명을 내면서 이렇게 맺고 있다. 「자신과 같은 무력한 한 문사가 아무리 무엇을 외쳐 본들 어떻게 할 도리가 없었는지 모르지만, 그러나 이러한 기회에 일본 동포가 이 남부의 작은 섬나라 동포의 무서운 생활을 그들 자신의 생활로서 받아들이게 될 것을 희망하는 바이다」.

　青野는 이 성명을 읽고 감명을 받았는데 그 중에서도 문학과 실생활에 대해 생각하게 만드는 것이 있었다고 한다. 그리고 青野는 하나의 의문을 끄집어내지 않으면 안 되었다. 그 의문이라는 것이 무엇이냐 하면 말하자면 한 예술가로서 広津의 이해와 감격이라는 것은 단순히 琉球 無産者의 위에만 존재하는 상태로 만족해도 좋을 것인가 하는 것이었다. 琉球 무산자를 오늘날의 境遇로 이끌었던 「외부로부터 폭력」에 憤懣을 느끼는 마음은 인간으로서 예술가로서 당연한 것이었지만 그 같은 마음이 内地의 無産者, 조선의 無産者, 더 나아가 세계의 無産者를 오늘날의 境遇로 이끌었던 「외부로부터 폭력」에 향해서 똑같이 발동하지 않았다면 그것은 一片의 센티멘텔리즘에 불과하였을 것이었다는 것이 青野가 느끼는 의문이었다. 「나는 한 예술가로서 広津씨에게 침묵을 강요할 수가 없었고, 지상에 遍在하는 無産者에 대해서 어떻게 생각하고 또한 어떻게 느끼고 있었는가를 이때 묻고 싶었다고 생각한다」고, 『広津씨에게 묻는다』(대정15년 5월, 『每夕新聞』)에서 공개 질문을 하고 있는 것이다.

広津는 『두 개의 기질』이라 제목을 붙여 『読売新聞』 紙上(대정15년 6월 10일~13일)에서 이것에 응답했다. 広津의 응답은 대체로 세 개의 부분으로 나누어져 있다. 一, 青野의 질문 동기가 잘 나타나지 않는다. 소위 기성작가는 부르주아의 사회제도를 謳歌하여 민중의 비참함 등에는 눈을 돌리려고 하지 않는 개념을 青野들은 조장하고 있는 것은 아닌가. 그렇지 않으면 이런 질문이 가능할 리가 없다. 멘텔·테스트할 예정인가 그렇게 반문하지 않을 수 없다. 二, 일본 문학자들은 이제까지 한 번이라도 부르주아지로부터 옹호를 받은 기억이 없다. 三, 沖縄 青年同盟의 항의장에 고통을 받은 것에 대해서는 다른 무산계급자의 비참함과 沖縄의 그것과를 비교 고려하고 있을 여유가 없었다. 현재 자신의 심장에 직접 호소할 수밖에 없었던 것에 대해 생각하지 않을 수 없었던 것이다. 그 반면에 직접 부딪쳤던 때의 경우는 그것이 섬광처럼 떠올랐던 것이 그렇지 않는 경우는 예외가 있었다. 말하자면 큰 벌레와 작은 벌레의 구별을 생각하여 작은 벌레를 죽이고 큰 벌레를 살려야 하는 심장의 소유자, 이 세상을 실제 운동가의 계산으로 생각해 보아야만 하는 정치가적 기질과는 다른 것이다.

이상의 세 개 속에서 広津가 제 3의 예술가로서의 자질을 특히 중시하고 있었던 것을 알 수 있었다. 広津는 여기서 메르듀코프스키가 톨스토이와 도스토예프스키를 비교 논평하는 데에 사용하였던 유명한 비유를 인용하고 있다. 어떤 사람이 톨스토이에게 돈을 주어 君은 君이 가장 비참하다고 생각하는 사람에게 이 돈을 주라고 말했다. 톨스토이는 누가 가장 비참한지 구별이 가지 않았기도 해서 그대로 돌아왔다. 그런데 도스토예스키는 최초로 만난 비참한 인간에게 그 돈을 줘버렸다는 이야기이다. 広津는 여기서 이렇게 말하고 있다. 톨스토이의 태도는 추상적이고, 도스토예프스키의 태도가 심장 그 자체인 것처럼 살아있다는 비유로서 메르듀코프스키는 이런 이야기를 인용하고 있었던 것이다. 한쪽면만 가지고 생각하면 톨스토이 쪽은 추상적인 것이었던 만큼 조금도 쉬지 않고 인류에 대해 오직 생각하였던 것이고, 도스토예스키의 쪽은 자신이 직접 부딪쳤을 때만 불꽃처럼 느끼고 그 밖의 경우에는 밝았는지 모른다고 자신도 생각하지 않을 수 없었다는 것이다.

青野의 『広津씨에게 대답하다』가 『国民新聞』에 나왔다. 제1과 제2에 대해서도 青野는 계몽에 크게 힘쓰고 있었는데 여기에 들 정도의 것은 아니다. 문제는 제3 예술가의 자질론이다. 青野에 의하면 생생한 심장의 소유자의 예술가임에 틀림없다. 그러나 예술가에 있어서 심장의 반응력이 퓨리스틱의 그것과 다르다고 하는 것은 직접적인 자극에 조금 더 강력하게 반응한다는 것이 아니라 俗情家들의 심장에는 느낄 수 없는 그런 자극에도 생생하게 작용한다는 점에 있다. 이러한 사실 때문에 예술가의 求真者的 속성이나, 계몽자적 속성이나, 반항자적 속성이나, 예언자적 속성이 생겨나는 것이다. 이러한 점에서 그들은 뛰어난 정치가나 예술가임에 틀림없다. 예술가와 정치가의 차이점은 그 심장에 반응하는 곳이 다르다고 보는데, 예를 들면 전자는 생생하고 구체적으로 표현한다면 후자는 그것을 추상적으로 파악하여 행동의 기준으로 삼는다는 점에 있다. 俗情家들은 도저히 느낄 수 없는 미동에도 생생하게 반응하는 마음의 소유자로서 그러한 것에 양자의 차이가 있을 리가 없다. 더구나 무산자의 비참함은 당연한 사실이라는 것이다.

『新潮』 9월호의 『소설의 主客 문제 기타』의 후반에서 広津는 재차

青野에게 응답하고 있다. 우선 톨스토이와 도스토예프스키에 대한 비유의 의미를 과연 青野가 잘 알 수 있었을까. 우리들이 거리가 가까운 것과 같은 거리인데도 멀 것이라는 것에 대해 느끼지 못하는 것은 오히려 자연스러운 것이다. 결코 그러한 것은 우리들이 천박하기 때문만이 아니다. 「아니 오히려 그러한 식으로 인간의 심리가 형성된다고 하는 것은 어떤 의미에서 인간의 구원이 될 것이다」. 広津의 생각은 이런 것이었다. 역시 青野의 사고방식에는 일본 지식계급다운 결벽성이 보인다. 역시 일본 사회주의 사상은 특권적 사상의 형태로 나타나기 쉬운 것이라는 것을 알 수 있다.

沖縄県人의 비참함에 대해 듣고 그들을 그러한 곳에로 빠트린 바깥 세상으로부터의 폭력을 미워하면서도 일본이나 세계의 무산계급의 비참함에 책임을 느끼지 못한다는 것은 센티멘털리즘일 뿐이라는 青野의 생각은 논의로서는 충분히 공감이 가는 부분이다. 특히 무산계급의 입장을 대변하려고 하는 것에 대해서는 자연스런 생각인지 모른다. 그러나 이런 사고방식에는 분명히 비약이 있다. 물론 그것이 실제로 좀 결백하고 성급하다 하더라도 무조건 틀린 것만은 아니다. 자신의 창작이 불행한 사람들에게 직접적인 영향을 미치는 경우를 곧 세계의 무산계급들이 가지는 일반론적인 現狀으로 생각해야 한다고 하는 것은 지나친 경향이 있다. 그것과 비교하면 인간 심리의 자연스러움이 곧 인간에게 있어서는 구원이 될 수 있다는 広津의 사고방식은 너무나도 広津流의 사고방식이다. 그것은 톨스토이의 삶의 방식보다는 체홉의 삶의 방식에 동감이 간다는 생각, 또는 武者小路에 대한 이해의 방식 등에 보인 것들이 여기에도 일관되게 나타나고 있는 것이다.

青野는 正宗白鳥로부터 청년 通有의 청춘의 꿈이나 詩味가 전혀 없는 기형적인 존재와 같이 비난받았다. 이러한 청년이 출현하게 된 책임이 오직 자연주의 문학에 있다고 한 것은 아니었지만, 자연주의 문학자들에게 과연 그러한 것을 비난할 자격이 있을까 하고 분해하는 것과 비교해 보면 広津에 대한 論難은 그 반대가 되고 있다는 느낌을 지울 수가 없다. 앞의 경우는 강력하고 불합리한 공격에 대해서 필사적으로 저항에 대한 긴장감과 아름다움이 있었던 반면에, 후자의 경우는 너무 자신감이 넘쳐 상대를 멸시하는 듯한 일종의 압박감이 느껴진다는 것이다.

白鳥 対 青野, 青野 対 広津의 이상과 같은 논쟁을 통하여 느낄 수 있는 것은 문예비평의 기준이 애매하게 진행되어 왔다는 것, 따라서 의견의 대립이 도저히 조화하기 어려운 지경까지 와 버렸다는 것이다.

그것들은 白鳥의 소위 私批評과 青野들의 사회적, 객관적 비평의 대립이다. 전자는 白鳥에 의하면 「어느 세상에도 통할 것 같은 안이하고 공허한 비평학이라는 것에서 탈피하는」 것이 아니라 「그 비평가의 생생한 실감의 표출이기 때문에 비평가의 체험에 입각해야 한다는 것」(『비평에 대해서』)이고, 후자는 青野에 의하면 「주어진 예술작품을 하나의 사회 現象의 입장에서 부여된 예술가를 一個의 사회적 존재로서 그 現象, 그 존재의 사회적 의의가 결정되는 비평」(『문예비평의 한 발전형』)인 것이고, 그것은 「투쟁심에 의해서만이 산출될 수 있다」(『批評心의 문제』)는 비평인 것이다.

한쪽에서는 기성문단의 심경소설의 성숙을 그곳에 기대하는 私批評의 고집이 있는 것이고, 거기에 대항하는 것으로서 프롤레타리아 문학의 진출과 연결되는 마르키시즘에 근거한 객관적 과학적 비평의 주장이 있는 것이다. 쌍방이 서로 대립하고 있던 시기를 대개 대정15년이라 볼 수가 있다. 1년 후의 芥川龍之介가 자살할 무렵에는 이 균형도 무너지게 되는데 그것은 프롤레타리아 문학의 급격한 진출이 기성문단을 根

柢로부터 흔들렸던 것이다.

그러한 의미에서 白鳥 対 青野, 青野 対 広津의 논쟁은 이상과 같은 대립에 있어서 어쩌면 최후의 논쟁이라 이름 붙여도 문제가 없을 것이다. 이후는 제각각 내부의 논쟁이라는 형태가 되었던 것이다.

프롤레타리아 문학에 대해서는 특히 그러하였다. 대정15년에 일본문학의 最前衛였던 青野가 소화2년이 되자 벌써 첨예한 전위에서 탈락자로서의 罵倒를 받는 사태가 일어났던 것이다. 확실하게 党의 문학, 党의 문학자일 것이라는 입장이 출현했기 때문이다. 그것에 대해서「문학자에는 인간이라는 관념이 붙어있는 꽤 완고한 하나의 입장」(『미완성 자화상』)을 고수하려고 하는 전 해의 최전위 青野가 갑자기 탈락자로 불려지게 된 것이다. 이 소란스런 문학논쟁의 이행이야말로 소화 초기의 일본 사회와 문학의 움직임을 여실히 반영하는 것이라 말할 수 있다

참고문헌

- 国文学解釈と教材の研究　第9巻　第12号、学灯社、昭和39.10
- 瀬沼茂樹、日本文壇社、講談社、昭和53.5
- 吉田精一、明治の文芸評論、桜楓社、昭和55.9
- 浅井清外6人　共編、新研究資料　現代日本文学　第一巻　小説I・戯曲、明治書院、2000.3
- 国文学解釈と教材の研究　第34巻　第4号　臨時増刊号、学灯社、平成1.3
- 日本近代文学館編、日本近代文学大事典、講談社、昭和52.2
- 臼井吉見、近代文学論争(上、下)、筑摩書房、1975
- 土方定一、近代日本文学評論史、法政大学出版局、1973.11
- 布野栄一、「政治と文学論争」の展望、桜楓社、昭和59.3
- 松本健一、詳解現代論争事典、流動出版、1980.1
- 平野謙、現代日本文学論争史(上、中、下)、未来社、1969.6
- 片岡良一、「近代派の文学」、白揚社、昭和25年
- 瀬沼茂樹、「昭和の文学」、河出文庫、昭和31年
- 臼井吉見、「近代文学論争」上巻、筑摩書房、昭和31年
- 長谷川泉、「方法と様式」、至文堂、昭和38年
- 小田切進、「昭和文学の成立」、勁草書房、昭和40年
- 三木清、「現代階級闘争の文学」、岩波書店、昭和41年
- 羽鳥一英、「新感覚派」、明治書院、昭和44年
- 千葉宣一、「川端康成とモダーニズム」八木書店、昭和44年

・浅見淵、「散文芸術論争」、至文堂、昭和31年
・中村武羅夫、「本格小説と心境小説と」(『新小説』、大正13・1)
・生田長江、「日常生活を偏重する悪傾向」(『新潮』、大正13・1)
・久米正雄、「私小説と心境小説」(『文芸講座』、大正14・1〜2)
・宇野浩二、「『私小説』私見」(『新潮』、大正14・10)
・佐藤春夫、「『心境小説』と『本格小説』(『中央公論』、昭和2・3)
・小林秀雄、「私小説論」(『経済往来』、昭和10・8)
・中村光夫、「風俗小説論」(『文芸』、昭和25・2〜5)
・小笠原克、「私小説論の成立をめぐって」(『群像』昭和37・5)
・伊藤整、『小説の方法』(河出書房、昭和23年)
・猪野謙二、「私小説」(日本近代文学館編、『日本近代文学大事典』講談社、昭和52年)

저자 정인문

* 동아대학교 대학원 국어국문학과 박사과정 수료(문학박사)
* 일본 大東文化대학 대학원 문학 연구과 박사후기과정 일본근대문학전공 수료
  (일본문학박사)
* 일본 筑波대학 대학원 인문사회과학연구과 (일본문학박사, 논문박사)
* 문학평론가
* 한국문인협회 회원
* 전 동아대학교 교수, 한국일본근대학회 회장

【主要著書】

· 芥川龍之介 作品 硏究 1, 2
· 太宰治 作品 硏究 1, 2
· 1910/20년대의 한일 근대문학 교류사
· 일본문학 키워드
· 일본 근/현대 작가 연구
· 일본근대 소설의 감상방법과 실제 I
· 일본근대문학의 어제와 오늘
· 일본 명치기 문학논쟁사 외 다수.

일본 대정기 문학논쟁사

초판인쇄   2007년 4월 26일
초판발행   2007년 5월 7일

저자   정인문
발행   제이앤씨
등록   제7-220호

132-040 서울시 도봉구 창동 624-1 현대홈시티 102-1206
TEL (02)992-3253 / FAX (02)991-1285
e-mail, jncbook@hanmail.net
URL http://www.jncbook.co.kr

· 저자 및 출판사의 허락없이 이 책의 일부 또는 전부를 무단복제·전재·발췌할 수 없습니다.
· 잘못된 책은 바꿔 드립니다.

ⓒ 정인문 2007 All rights reserved. Printed in KOREA

ISBN 978-89-5668-507-6 93830   /   정가 8,000원